독특하고 재미있는

문화유산 이야기

독특하고 재미있는

문화유산 이야기

中

이희득 지음

문화유산은 오랜 시간에 걸쳐 살아온 흔적이고,
그 시대의 産物인 것이다.

좋은땅

글을 쓰면서

첫 번째 책에는 비석에 관한 글이 많았으며, 일부는 국가 유산 답사가들에게 많이 알려져 있지만 일반인들은 모르는 경우가 많은 것이 수록되었다.

문화유산들이 일반인들이 모르는 것이 거의 많기에, 알리려는 목적으로 글을 쓰고 사진을 촬영한 것이다.

두 번째 책은 비석 이야기도 물론 들어가지만, 토끼와 물고기 이야기를 주류로 글을 썼다. 우리가 자주 보는 물고기의 의미와 다양한 곳에 표현된 것을 작업을 하였으며, 일부는 많이 알려진 이야기이지만, 더러는 덜 알려진 것이 많다. 그리고 글을 쓰고 있는 시점이 토끼의 해라 하여, 토끼와 관련된 것도 글로 썼다.

다양하고 독특한 것만 글로 쓰는 것이지만 우리가 살아가면서 대부분 못 보았던 것이다. 그렇기에 이러한 것이 있었나 하는 것을 위주로 하다 보니, 분량이 작을 수 있기에 사진을 충분히 넣어서 글을 썼다.

어느 독자가 어려운 한자가 많다 하여, 될 수 있는 한 한글을 붙임 하고, 누구나 쉽게 읽을 수 있게 하였다. 누구는 재미있고 누구는 이렇다 하지만, 글이란 한 사람을 위한 것이 아니고, 특히 국가 유산은 생활의 일부분이 남아서 전해져 오는 것이기에 그 당시의 사회상과 생활의 단면을 알

독특하고 재미있는 문화유산 이야기 中

수 있는 것이기에, 그중에 독특하다는 것을 모아서 정리하는 것도 괜찮다고 본다.

누구는 사진만 촬영하여서 보관하지만, 그러한 사진에 재미있는 이야기를 덧붙이는 것이 국가 유산을 공부하고 연구하는 사람의 마음가짐으로 생각하고, 上권에 이어 中권의 책을 내어 본다.

2022. 05. 17.

玉山 이희득

목차

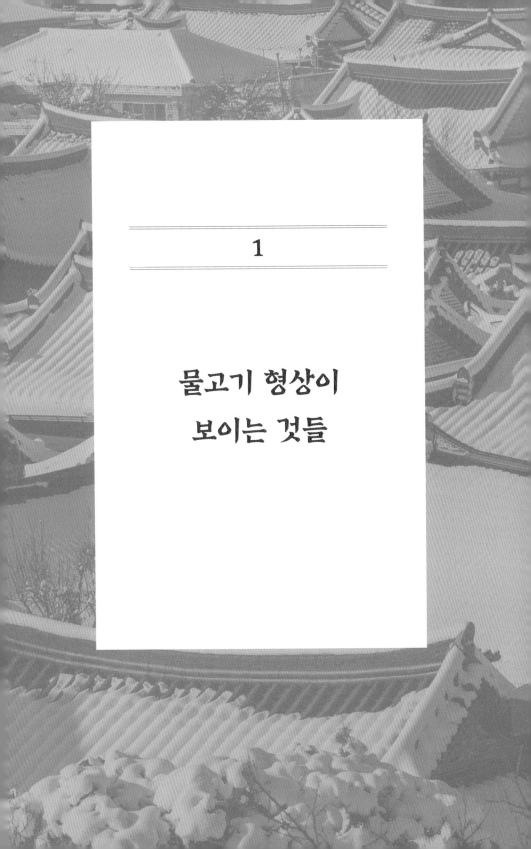

1

물고기 형상이
보이는 것들

물고기는 여러 곳에 표현되는데, 그림, 도자기, 떡살, 부도, 탑 비의 받침, 신도비 등에서 보인다. 그리고 고건축에서 많이 보이는데 특히 사찰의 전각을 보면 외벽, 천정에서 많이 표현되어 있어, 열거하기 어려울 정도이다.

물고기는 알을 많이 낳기에 多産을 상징하며, 눈을 뜨고 자기에, 공부나 증진을 위하여 쉬지 말라는 뜻도 있다.

그리고 과거에서 장원 급제와 출세, 魚變成龍의 뜻도 가졌다. 물고기의 표현은 한 마리가 있는 것도 있고, 쌍어의 형태도 있으며, 물고기 群을 형성하는 그림도 있어, 물고기 주제를 가지고 여러 표현들이 있다.

(1) 수로왕릉 雙魚紋

물고기 두 마리가 있는 것을 쌍어문이라 하는데, 이제까지 필자가 돌아다니면서 모은 자료를 나열하여 본다.

쌍어문은 멀리 페르시아에서 시작된 것으로 알려져 있으며, 영약이 나오는 나무가 있고, 그 뿌리는 물속에 있어, 그것을 지키는 물고기 2마리가 있는데, 그 이름이 '카라'이다. 김해 김수로 왕릉에 보이는 것은 허황후가 국제결혼을 함으로서 우리나라에 전해진 것으로 추정되고 있으며, 쌍어문에 대해서 많은 정보가 인터넷에 나돌고 있다.

그중에 필자가 찾은 몇 좌의 쌍어문을 소개하기로 한다. 물론 많은 분들이 알고 있는 것도 있을 것으로 생각된다. 우리나라 쌍어문은 김해에 있는 수로왕릉이 대표적인 것으로 알려져 있다.

수로왕릉에는 두 곳에 쌍어문이 있으며, 납릉의 내삼문 좌우에 있고, 숭선전 삼문 좌우에도 있다. 납릉의 쌍어문과 숭선전의 그림은 약간 다르나 그림의 주체인 쌍어는 잘 나타나 있다. 그러나 이 그림들이 만들 당시의 것은 아닌 것으로 생각되는 것은, 쌍어문을 만드는 匠人의 생각이 시대마다 같을 수 없을 수 것으로, 조금씩 차이가 난다고 본다. 그리고 이러한 변화를 기록한 곳은 없고, 사찰의 단청도 시대마다 변화기에, 쌍어문도 그러한 것으로 보인다.

먼저 납릉의 쌍어문을 보면 다음 사진과 같다.

門의 윗부분인 창방 중앙에 그림이 있으며, 半圓의 바탕에 물을 표시한 색에 좌우에 흰 물고기 두 마리가 바라보며 있다. 물고기 두 마리 사이는 파사석탑을 표현하였을 것으로 보이는데, 그 위로는 文章을 표시한 것으로 생각되지만 무엇을 표현하였는지 알아내지 못하였다.

그림 1. 수로왕릉 납문의 쌍어문

수로왕릉에는 쌍어문이 있는데 다른 한 곳은 숭선전 정문에 있다. 납릉의 그림과 큰 차이는 없지만 그림 좌우에 보이는 꽃 표현이 다르다. 그 외는 차이가 크게 나지 않지만, 단청의 색이 숭선전의 것이 더 밝고, 선명한 것은 다시 채색한 시간이 그리 오래되지 않았을 것으로 보인다.

여기도 납릉과 마찬가지로 삼문 좌우에 쌍어문이 있다. 그리고 좌우에 있는 꽃을 보면 봉오리 밑으로 보이는 줄기의 모습이 마치 낚시에 보이는 바늘 느낌이 드는 것은 왜인지 모를 일이다.

왕릉과 관계되는 쌍어문은 김해에 있는 수로왕릉에서만 보이는 것으로 생각되는 것은, 『삼국유사』에 나오는 허황후의 기록이 많은 영향을 주었을 것으로 생각된다. 물고기를 뜻하는 말인 '드라비다' 語로 가락이라 한다 하니 쌍어문이 가락국과 후손들에게도 지대한 영향을 끼쳤다고 생각이 든다.

그림 2. 숭선전 정문에 있는 쌍어문

(2) 불교에서 보이는 雙魚紋

불교에서는 물고기를 목탁과 전각 천정이나 외부의 벽에 나타내는데 그중에 쌍어는 대부분 고승의 탑비의 받침인 龜趺에 남아 있다.

첫 번째는 산청 지곡사지의 귀부이다.

고승의 탑비이었는데 빗돌은 없어지고 그것을 받치는 귀부만 남아 있으며, 비좌 좌우에 쌍어문이 있다. 꼬리는 하늘로 향하고 머리의 부분은 가운데 있는 水草를 보호하고 있는 것으로 추정된다. 물고기의 모양은 어룡에 가깝게 조성되어 있어 어변성룡을 뜻하는 것으로 풀이된다.

그림 3. 산청 지곡사지 귀부의 쌍어문

두 번째는 합천 영암사지이다.

영암사지 西 금당 터에 귀부가 2좌 있고, 동편에 있는 귀부에 쌍어문이 있는데, 문양은 좌우가 다르다. 산청 지곡사지와 비슷하게 꼬리는 하늘로 향하고, 지느러미와 꼬리의 표현은 흐트러진 머리카락처럼 표현하였다. 그리고 머리는 아래로 있지만, 지곡사지에 보이는 수초는 보이지 않는다. 여기서 보이는 물고기의 입은 두껍게 되어 있는 것으로 필자의 눈에 보이지만, 지곡사지의 물고기와는 모습이 조금 다르게 표현되어 있다.

그림 4. 영암사지 귀부 정면 좌측

그다음은 귀부의 정면 우측에 보이는 쌍어문인데, 산청 지곡사지의 문양은 좌우가 같은 데 비해, 우측은 좌측과 문양이 다르게 표현되었는데, 필자가 보기에는 태극 문양에 가깝게 되어 있다.

다른 곳은 문양은 딱딱하고 경직되어 보이는데, 여기의 쌍어문은 물고기가 마치 유영하는 듯한 느낌이 들며 자연스럽고 즐겁게 노니는 모습을 연상하게 한다. 이러한 것은 처음보다는 시대의 흐름에 변화의 느낌을 주는 것으로 생각된다.

그림 5. 영암사지 동편 귀부 정면 우측 문양

세 번째는 괴산 각연사이다.

괴산 각연사의 쌍어문은 지곡사지, 영암사지와 마찬가지로 탑비의 귀부에 있다. 좌우에 있으나 정면 좌측은 희미하나 윤곽이 거의 남아 있으며 정면 우측은 좌측보다 더 희미하다. 두 마리가 보주를 지키는 모습을 표현하였는데 문양은 꼬리를 높이 든 각도 그리 크지 않다.

산청 지곡사지와 합천 영암사지는 탑비가 일부가 남아 있지만, 각연사는 탑비가 온전하게 남아 있으며 碑首에 보이는 화려한 문양과 조각은 아름다워서 우수한 작품으로 평가받고 있다. 탑비에서 직선거리는 얼마 되지만 않지만, 필자의 걸음으로 40여 분 산행을 해야 볼 수 있는 묘탑이 남아 있다.

앞의 세 곳의 쌍어문은 탑비의 비좌에서 보이고, 사찰에서는 김해 은하사 수미단에 보이고 있다. 그리고 양산 통도사와 울산 개운사, 양산 계원사에 쌍어문이 있다 하여, 찾아가서 확인하였지만, 단청이 바뀌어서 옛 자료와는 비교를 하지 못하였다. 불교에서의 쌍어문은 여러 곳에 있을 것으로 생각되나, 필자가 다 찾지 못하였기에, 어디엔가 존재하고 있을 것으로 생각된다.

그림 6. 괴산 각연사 탑비의 쌍어문

(3) 善政碑에 보이는 雙魚紋

그림 7. 이담명 관찰사 비 쌍어문

전국 곳곳에 있는 선정비는 지방 수령들의 공적을 알려 주는 石碑이지만, 다양한 문양을 가지고 있으며, 쌍어문이 보이는 경우는 극히 드문 경우로, 많은 선정비를 촬영하였지만, 이담명의 선정비에서만 보이고 다른 선정비에서는 보지를 못하였다.

이담명의 선정비 碑首에는 사람의 얼굴도 보이며, 좌우에 물고기가 있다. 다른 쌍어문에서는 水草를 그리던가 아니면 寶珠를 그린 모양이 보였지만 여기서는 사람 얼굴을 보호하는 듯한 모습이어서 가장 특이한 문양이 아니겠냐 하는 생각이 든다.

(4) 遺墟碑에 보이는 雙魚紋

그림 8. 고성 도촌 선생 유허비 정면 사진

경남 고성에 있는 도촌 이교 선생의 유허비 碑首에 쌍어문이 있으며, 다른 곳과 달리 전, 후면에 쌍어문이 있는 보기 드문 작례이다.

碑首의 도상에서 보이는 특징은 입으로 줄기를 물고 있고, 가운데 문양은 불교적인 문양인 불정심인처럼 보인다. 가운데 문양의 중심으로 좌우의 꽃무늬는 물고기 등의 지느러미와 꼬리 사이에 심어져 있는 형태이다. 국내에 남아 있는 쌍어문 중에서 가장 뚜렷하며, 독특한 문양이라고 생각된다.

쌍어문의 작례는 전국에 골고루 있지만 김해허씨 정절공의 碑에도 있다. 碑首 정면에 쌍어가 있으며, 뒷면에는 물고기 형상이 없다. 김해허씨가 허황후의 姓을 따랐고, 김해가 본관이라서 수로왕릉의 문양을 따라서 쌍어문을 碑首에 표현한 것으로 생각된다. 고성 장숲 부근에 정절공 비각이 있는데, 여기에 하마비가 있다 하여 방문을 하여, 碑를 살펴보니 쌍어문이 있었다.

그림 9. 경남 고성 김해허씨 정절공 碑의 쌍어문

물고기는 碑首에 비해 작게 표현되었는데 중앙에 있는 꽃문양을 수호하는 쌍어로 보인다.

독특하고 재미있는 문화유산 이야기 中

(5) 墓碑에 보이는 雙魚紋

　묘비는 죽은 者의 기록을 알려 주는 중요한 지료이며 碑首에는 龍문이 있거나 가첨석으로 되어 있다. 碑身에는 墓의 주인에 대한 기록을 새겨 놓으며 비좌는 방형으로 하든가 아니면 거북 받침을 두는 것이 일반적이다. 그렇지만 묘비의 받침에서 쌍어문이 있는 경우는 거의 드문 경우이고, 특히 김해 김수로 왕릉의 碑에도 보이지 않는 것이다.

그림 10. 대전 은진송씨 묘 向 왼편 쌍어문

　대전에 있는 은진송씨의 묘비에는 쌍어문이 존재하는데 비좌의 좌우에 문양이 있으며 向 왼편의 문양은 희미하지만 윤곽을 알아볼 수 있을 정도이고, 向 오른편의 문양은 그늘로 인해 잘 보이지도 않는다.

물고기의 꼬리는 약간 들어 올린 상태이고 가운데는 靈草를 두었다. 물고기 문양을 불교적으로 보지 않고 유교적으로 보고 御史花로 본다면 장원 급제를 바라는 마음을 비좌에 새긴 것으로 생각된다.

묘비에서 쌍어문이 보이는 작례는 은진송씨 묘비가 유일한 것으로 생각되나, 아직 필자가 우리나라의 묘지 답사를 많이 하지 못하였기에 어디엔가 더 있을 것으로 생각된다.

(6) 교회에 보이는 雙魚紋

경북 성주를 답사하는 중에 커다란 교회 건물이 보았는데 그곳에 쌍어문이 있어 교회에다 물으니 오병이어(五餠二魚)[1]의 전설을 말해 주었다.

그림 11. 경북 성주 중앙교회 쌍어문

---

1) 성경에서 예수가 일으킨 기적 중의 하나. 예수가 다섯 개의 떡과 두 마리의 물고기로 5천 명을 먹였다는 데에서 나온 말이다.

떡 다섯 개가 가운데 있고 물고기 한 쌍이 양쪽에서 떡을 보호하는 것이라 하였기에, 여기서 물고기는 靈樹, 靈草의 뿌리를 지키는 것이 아니고 떡을 지키는 것으로 표현되었는데, 산청 지공사지, 합천 영암사지, 송남수 묘비 등에서도 무엇을 지키는 것으로 표현되었기에, 교회의 쌍어문도 그러한 것을 나타낸 것으로 풀이된다. 모양이 불교적인 것과 유교 사상의 쌍어는 아니지만 물고기가 두 마리라서 작례에 포함시켰다.

(7) 도자기에 보이는 雙魚紋

　도자기에 보이는 쌍어문은 좌우로 마주보는 형태가 아니고 上下로 표현되어 있는 편이 많다. 도자기에서 보이는 쌍어문은 전국에 많이 분포되어 있기에 그중에 몇 개만 나열하여 본다.

그림 12. 국립나주박물관 쌍어문

　위의 쌍어문은 무안 도리포 해저 유적에서 발견된 고려 시대의 청자로 물고기의 표현이 상하로 배치된 문양이다. 그 주위에는 오리와 수풀들이 보여 물고기 노니는 강과 숲을 표현한 것으로 보인다.

　국립부여박물관에 보이는 물고기 문양은 쏘가리 두 마리가 나란히 유영을 하는 모습인데, 쏘가리의 한자가 鱖(궐) 자이기에, 대궐을 뜻하는 것으로 장원 급제라는 의미로 그려진 것이다.

그러한 표현은 병풍이나, 회화에 많이 나타나고 있고, 특히 도자기에서는 편병(납작한 병)에 많이 보였다. 병풍에서는 여러 마리의 물고기가 노닐거나 아니면, 잉어가 뛰어 오르는 장면이 많이 나온다. 물고기를 여러 마리 표현의 여유와 편안함을 상징하고, 잉어가 뛰어 오르는 것은 등용문을 표현하였는데 여기서는 쏘가리를 표현하여 출세를 바라는 마음을 도자기에 넣은 것으로 생각된다.

그림 13. 국립부여박물관 쌍어문

두 마리가 나란히 있는 이유는 연속으로 급제를 하라는 이유일 것으로 생각된다. 앞에 나열한 쌍어문이 8개이고, 의미하는 것은 비슷하지만 표현이 조금씩 다르다. 그리고 앞의 작례 외에도 많은 쌍어문이 존재한다고 생각되지만, 그 많은 것을 글로 다 쓸 수 없기에 위의 것만 나열한다.

많은 쌍어문이 독특하거나 자주 볼 수 없다는 것에 흥미를 느껴 찾아가니, 여기저기 많이 보였다. 세계적으로 쌍어문의 분포는 많다고 생각은 하였는데, 한반도에도 많이 있다는 것이 놀랍고, 쌍어문이 생활이나 사상에 많은 영향을 끼쳤기에 여기저기 나타난다고 생각이 든다.

독특하고 재미있는 문화유산 이야기 中

(8) 魚紋의 표현들(한 마리만 표현한 작례)

물고기의 표현은 다양한 곳에 표현되고 있고, 여러 곳에 보인다. 그중에 한 마리 물고기를 나타내는 것을 나열하여 본다. 물론 민화는 워낙에 많아서 제외하고 다양한 시선으로 필자가 본 것을 나열하여 본다. 그중에는 필자가 생각하기에는 상당히 재미있는 표현이 많다.

① 비석의 잉어 문양

잉어는 登龍門에 오르면 龍이 된다는 전설이 있기에, 과거 급제를 뜻하는 것으로 많은 그림에서 보이고 있다.

그러나 비석의 숲面에 새겨진 것은 극히 드물었다. 빗면 전체를 차지하는 그림이 유독 눈에 들어오는데, 황하의 거친 물살을 헤치고 폭포를 향하여 뛰어오르는 역동적인 모습이 그림에 표현된 잉어보다 상세하게 새겨졌다.

그림은 평면적이지만 비석의 잉어

그림 14. 우리옛돌박물관 비석의 잉어

는 부조의 형식이 보여, 힘차게 뛰어오르는 모습이 더 강하게 보인다. 비석에서 물고기의 그림은 작게 그려지나, 여기서는 잉어를 특징적으로 표현하려고 크게 새겨져 있다.

많은 잉어들이 있지만 거친 물살을 헤치고 오르려는 잉어는 많지만, 성공하는 잉어는 거의 없다고 생각되는데, 만약에 황하를 거슬러 오르면 龍이 되는데, 사람도 마찬가지로 어려움에 도전하여 성공하면 이름이 나고, 잉어가 龍이 되듯 출세가도를 달릴 것으로 생각된다.

② 금제 허리띠의 물고기

경주 국립박물관에는 천마총과 황남대총에서 발견된 금제 허리띠에서 황금으로 만든 물고기가 있다. 금속의 허리띠를 착용하는 것은 北方人들이 허리띠에 온갖 도구들을 달고 있는 방식에서 비롯된 것이다.

물고기들의 표현 방식을 보면 비늘을 화려하게 나타나게 하였는데, 특히 북방인들은 물고기를 신성시 여겨서 먹지 않는다고 하기에, 허리띠에 매단 것으로 생각된다.

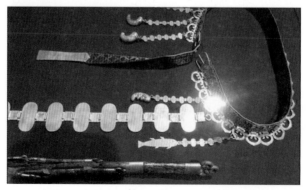

그림 15. 황남대총 허리띠 물고기 - 국립경주박물관

독특하고 재미있는 문화유산 이야기 中

또한 허리띠에 여러 가지 장식을 하는데 이것은 최고 권력을 표현하는 것으로, 보이는데 권위와 권력의 상징인 것이기에 왕릉의 부장품으로 사용되었다고 추정하고 있다. 북방인 물이 귀하기에 물에 사는 물고기를 신성하게 여겼는데 칸과 동일시하지 않았나 하는 생각도 하여 본다.

황남대총에 보이는 물고기는 작게 되어 있어, 다른 것과는 크기에서 차이가 난다. 허리띠에 보이는 여러 가지 장신구들은 크게 되었지만 물고기만 작게 표현되었는데 그 이유는 알 수 없다. 다르게 생각하면 물고기보다 더 중요한 것이 있기에 물고기를 작게 표현한 것인지 생각하여 보지만, 정확하게 알려진 것이 없다.

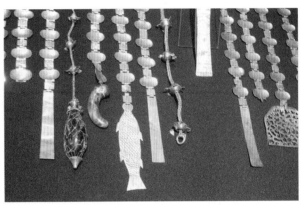

그림 16. 금관총 허리띠 물고기 - 국립경주박물관

금관총에서도 물고기 모양이 보인다. 금관총의 물고기는 입 부분이 고리에 연결된 구조이고, 비늘과 지느러미 꼬리 부분이 잘 표현되어 있다.

황남대총의 물고기의 표현은 작게 되었지만 금관총 물고기의 표현은 아름답게 되어 있고, 금빛이 유난히 빛나는 것은 숲이 풍부할 때 만들지 않았나 하는 생각과 아니면 만들 당시에 물고기기 더 중요하기에 부각시키려고 크게 만든 것으로 생각된다.

금속인 금은 지금도 많이 쓰이고 있는 가치 있는 것으로, 이 당시에 金으로 만든 장신구나 장식품들이 많다는 것은 금을 숭상하였고, 태양의 빛과 유사하기에 금으로 모든 것을 표현한 것으로 풀이된다.

③ 떡살의 물고기

그림 17. 포항 영일민속박물관

독특하고 재미있는 문화유산 이야기 中

떡살은 절편에 문양을 찍는 것으로 여러 문양이 있는데 그중에 물고기는 입신양명과 신분 상승을 의미하기에 문양을 새긴 것으로 보인다. 물고기의 모양을 보면 힘차게 뛰어오르는데, 떡을 먹으면서 과거 급제를 바라는 것이 내포되었을 것이다.

④ 물고기 모양 자물쇠

자물쇠도 물고기 모양으로 만들었는데, 물고기는 눈을 뜨고 수면을 취하기에, 재물이나 귀중품 그리고 문서를 지키라는 뜻으로 만든 것으로 인다. 다른 뜻으로는 선비가 과거 급제나 입신양명을 하려면, 잉어가 황하의 폭포를 뛰어오르는 모습을 자주 보아야 할 것이기에, 물고기 모양의 자물쇠를 만든 것으로 풀이된다. 물고기는 등이 휘어져 있고 지느러미도 표현되어 있으며 대부분의 백동으로 만든 자물쇠가 많다.

그림 18. 물고기 모양 자물쇠 - 영일민속박물관

몸통에는 물고기 비늘도 표현하나 앞의 사진의 자물쇠는 비늘이 마모가 되었는지 보이지 않으며, 장롱이나 반닫이의 門에 많이 사용되고 있다. 잉어의 모양으로 만든 것이 많으나 가끔 붕어 모양의 자물쇠도 있다. 앞의 사진 외에도 물고기로 만든 자물쇠는 많이 있으나, 앞의 사진 한 장만으로도 충분히 알 수 있을 것으로 생각된다.

⑤ 대들보에 올라온 물고기

고건축에서 대들보는 건물을 지을 때 천장이나 바닥에 대는 지지대이다. 여기에 단청 작업을 하면 사찰은 용을 그려 넣어 화려한 무늬와 대들보가 마치 하늘이 된 것처럼 비행을 하는 그림이 많다. 대들보에는 용 그림이 많이 보이지만, 몇 곳은 물고기 그려 독특함을 나타내며, 이것은 魚變成龍을 뜻하는 것으로 생각된다.

그림 19. 김해 은하사 대웅전

대들보에 보이는 물고기는 대부분 잉어를 표현하지만, 다른 표현은 머리는 龍이고 몸은 물고기인 형상이 보이는 곳도 있다. 이러한 것은 물고기가 龍으로 변하는 과정을 보여 주는 것과 신구(神龜)로 보는 시각도 있

　　　　　　　　　　독특하고 재미있는 문화유산 이야기 中

다. 불교에서는 성불하는 과정을 다르게 표현한 것으로도 볼 수 있다고 생각이 든다.

그리고 다른 뜻으로는 魚龍將化, 입신양명 등인데, '개천에서 용이 난다.' 속담이 그림으로 표현되었다고 본다. 어변성룡을 표현한 것은 대들보의 그림뿐 아니라, 도자기, 연적, 부채 등에서도 보일 정도로 많이 있지만, 사찰의 건물에서는 보기 드문 작례이다.

그림 20. 의성 옥련사 대들보의 잉어

그림 21. 의성 옥련사 대들보의 물고기

1. 물고기 형상이 보이는 것들

앞의 작례 외에도 나주 죽림사, 금산 보석사에서 대들보에 물고기 형상이 있으며, 의성 옥련사에는 물고기 형상이 금빛과 검은 물고기가 있어 따로 글을 적었다.

앞의 사진(그림 20)에 보이는 잉어는 대들보 모양대로 그림을 그렸고, 화려한 황금빛 모양이 보인다. 사진 앞부분이 잘렸지만, 잉어의 아가미 수염이 여의주를 취하여 龍으로 변하려고 하는 형상의 그림이다. 그 아래 사진(그림 21)은 잉어같이 보이지 않고, 장어 같은 느낌이 난다. 다르게 생각하면 금빛이 나는 물고기는 암놈이고, 시커먼 장어처럼 생긴 물고기는 수놈처럼 느껴진다.

그림 22. 안국사 대들보의 물고기

무주 안국사 극락전에 대들보에는 험악하게 생긴 물고기를 그려 놓았으며, 마치 상어와 같아 보이고 무섭게도 보이는데, 크기 또한 대들보의 너비를 다 차지한다. 어변성룡과 거리가 멀어 보이는 것처럼 느껴지지만, 사찰에 물고기는 대부분 어변성룡으로 보아야 할 것이다.

입에 내뿜는 瑞氣는 이제 龍으로 변할 수 있다는 것을 알려 주는데, 앞의 그림을 施主를 한 분의 자녀가 입신양명을 하기 위하여 그림을 넣게 한 것으로 생각되고, 다른 한편으로는 佛子가 깨달음을 얻어서 부처가 되든가, 아니면 蓮花化生의 다른 표현으로 생각되기도 한다.

그림은 다양한 상상력을 발휘하여 그리기에 어떠한 표현을 하였는지는 추정하지만 그림에 내포되어 있는 뜻은 쉽게 알 수 없으며 그린 사람의 생각을 읽을 수 있는 방법은 자주 보고 여러 생각을 해야 된다고 본다.

그림 23. 의성 고운사 물고기 1

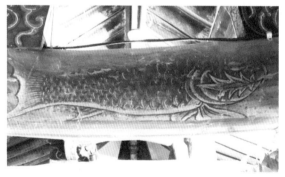

그림 24. 의성 고운사 물고기 2

의성 고운사의 물고기 표현에 대한 글을 쓰려고 하다가 사진을 보니 고운사 어디에서 촬영하였는지 기억이 나지 않아서, 재방문을 하여 위치를 확인하였다. 고운사의 전각의 대부분은 대부분 조선 후기 작품이어서 물고기의 그림은 조선 후기로 보아야 할 것으로 생각된다.

고운사에 보이는 물고기는 잉어로 보이고, 검은색이 유난히 눈에 들어오는데 전각이 작아 대들보도 크지 않지만 물고기는 어둠에서 커다란 자태를 보이고 있다. 필자의 생각에 검은색이 보이는 것은 세월이 지나 때가 묻어서 원래의 빛을 내지 못하는 것으로 생각된다. 잉어는 비늘과 수염이 일품이어서 원래의 색을 찾았으면 하는데 쉽게 되지는 않을 것으로 생각된다. 그림의 전체적인 표현을 보아서는 의성 옥련사의 물고기와 비슷하여 같은 匠人의 솜씨로 생각되는데, 혹 필자의 착각이 아닐까 하는 생각도 하여 본다.

⑥ 광배에 보이는 물고기

사찰에는 많은 물고기 표현이 있지만 부도와 광배에서는 보기 힘든 것인데, 봉화 축서사 비로자나불 광배는 목조로 되었으며, 광배에서 보이는 문양은 태양의 표현이나 3원, 그리고 연화문이 주류를 이루었지만, 보기 드물게 목조 광배에 물고기가 여러 마리가 표현되었다. 물고기가 여러 마리가 있다는 것은 여유를 뜻하는 것으로 생각되는데, 다른 이유는 무엇인지 알아내지 못하였다.

그림 25. 축서사 목조 광배 물고기

⑦ 석조 부도에 보이는 물고기

그림 26. 곡성 태안사 부도 물고기

태안사 부도에서 물고기 모양을 보았지만 풍화와 세월로 인해, 물고기
가 맞는지 확신이 서지 않아 知人들에게 문의하고 태안사를 다시 방문을

하여 자세히 보니 물고기로 확신하였다. 그렇지만 아직도 물고기가 아닌 것으로 보는 사람이 있어 필자도 애매하다.

필자가 물고기로 보는 이유는 주둥이와 아가미 무늬가 있기 때문이다. 浮屠는 스님들의 유골이 담긴 묘탑에 물고기가 나오는 것은 필자도 처음 보는 것이고 부도에서 문양은 다양하여 새, 토끼, 게 등의 표현이 있기에 물고기도 당연히 많은 있을 것으로 생각된다. 하지만 태안사 부도에서만 보았기에 필자가 보지 못한 능가사의 추계당 부도 하대 부분에 물고기 문 양이 있지만 희미하여 여기의 작례에 넣지 않는다.

⑧ 홍산 객사의 물고기

부여 홍산은 가지 않았던 것으로 기억되었지만 부여 홍산을 홍성군으로 착각하여 2022년 12월에 재방문을 하여 물고기를 촬영하였다. 어디에 있겠지 생각하였는데 홍산 객사에 들리니 2015년에 답사를 하였던 곳이

그림 27. 홍산 객사 잉어

었다. 홍성 객사의 향 우측 익랑 들보에는 잉어를 표현하였는데 부부의 느낌이 나는 것은 나만의 생각이 아닐 것으로 보인다.

앞의 사진을 보면 向 좌측은 짙은 밤색으로 된 잉어이면서 수염이 아가미에서 나와 앞으로 뻗었고, 입은 벌려서 이빨을 보이면서 웃는 모습이다. 특히 비늘이 없이 그려져 단순미가 더욱 돋보이는 잉어로 생각된다. 向 좌측은 하얀 옷을 입은 예쁜 잉어로 입술은 립스틱을 바르고 귀엽게 웃는 모습이다.

하얀 바탕에 비늘을 표현하였는데 드레스를 입은 여인 같은 느낌이 들며 몸을 감고 있는 線은 더욱 신비로움을 자아낸다. 그리고 向 좌측 잉어의 꼬리 가까이에는 태극 무늬가 있어 단청이 그리 오래되었다고 생각되지는 않지만, 이제까지 본 잉어의 표현에서 부부로 된 것은 거의 보이지 않기에 아주 재미있는 표현이다.

⑨ 부여 석성향교의 잉어

석성향교는 현내리 석탑을 보러 가면서 하마비가 있는지 확인 차 들렀는데 문이 잠겨서 내부를 정확히 볼 수 없었다. 멀리서 대성전을 바라보다가 화반에 보이는 물고기 보였는데 육안으로 보이지 않아서 카메라를 가지고 확대하여 보니 2마리의 물고기 표현이 있었다. 한 군데가 아니고 쌍어문이 2개나 되었다.

대성전의 물고기는 청색과 흰색으로 되어 있고 중간 부분이 휘어져 있고 입은 무엇을 머금고 있는 상태이다. 유교적으로 보는 물고기는 출세를 상징하고 여유로움을 나타내기에 여러 곳에서 보이는 표현이지만 대성전에서는 보기 힘든 작례이다.

그림 28. 부여 석성향교 대성전 물고기

'물고기 사이에 보이는 화반은 생명의 촉을 가진 두 넝쿨을 대칭으로 꼰 형태이다. 궁궐 건축과 조선 왕릉의 정자각, 향교의 대성전 등에서 화반의 전형 형식으로 많이 보이는 것으로 쌍어문에서도 보인다.

생명의 촉을 가진 넝쿨 화반은 세세생생 이어지는 무한한 생명력을 표현한 것으로 왕실 관련 건축이나 관의 건축에선 화반의 표현 규범은 대체로 엄격히 지켜졌다.'[2]

여기서는 물고기 사이에 표현되어 있어서 물고기가 생명의 촉을 지키는 그러한 역할도 하면서 출세와 여유를 가지라는 의미도 있다고 본다.

---

2) 출처: 현대불교신문(http://www.hyunbulnews.com)에서 일부 발췌하였다.

　　　　　　　　　　　독특하고 재미있는 문화유산 이야기 中

⑩ 범어사 독성각에 보이는 물고기

그림 29. 범어사 독성각 물고기

부산 범어사 독성각의 물고기 표현은 龍이 입에 물고기를 물고 있는 형상인데 이러한 것은 자주 보이는 문양이다. 이것에 대하여 글을 쓰는 이유는 사진이 잘 나온 것도 있고 다른 곳에 비해 문양이 제대로 남아 있어 작업을 한 것이다.

앞과 같은 형태는 많이 보이는데 특히 喪輿 前後에 장식이 되어 있는 경우가 흔하여 어떤 연관성이 있을 것으로 생각된다. 사찰에서도 사진과 같은 형태는 자주 보는 것인데 사찰의 경내를 곳곳을 살펴보면 물과 관계되는 것이 많으며 전각의 천정이나 수미단 등에서 보인다. 이렇게 많은 물고기가 가지는 상징적인 의미는 눈을 감지 않고 늘 깨어 있기에 수행의 본보기나 모든 일에 걸림 없이 헤쳐 나가라는 것으로 것과 목조 건물은 불에 취약하기에 화재를 예방하고자 하는 염원이 물고기 조각이나 그림에 있다고 본다.

물고기가 물속에서 자유롭게 다니다는 것은 여유라는 뜻도 있으며 물고기는 알을 많이 났기에 多産을 나타내지만 사찰에서 물고기는 중생이 절에 많이 와서 교화가 많이 되기를 바라는 것이 함축되었다고 생각된다.

⑪ 물고기를 들고 있는 벅수

그림 30. 물고기를 들고 있는 法首 - 우리옛돌박물관

서울에 있는 우리옛돌박물관에는 물고기를 들고 있는 法首(벅수라고도 한다)는 크기는 80cm 정도로 추정된다. 물고기는 몸집에 비하여 크게 표현되었으며 五梁冠을 쓰고 코는 크며 광대뼈가 유난히 돋보이는 작례인데 다르게 생각하면 문인석에 가까운 모습이다.

물고기를 들고 있는 모습에서 그 아래로는 제대로 표현이 안 되었으며 물고기의 방향이 좌우로 바라보는 것이어서 지금의 형태는 조금 떨어져 배치가 되었지만 필자의 생각은 한 쌍이 아니었을까 하는 생각도 하여 본다.

벅수는 돌로 만들었기에 석장승으로 부르지만 우리에게는 그것보다도

친숙한 벅수로 부르는 것이 더 나을 것으로 생각한다. 대부분 잘 만들지 않고 코를 크게 한다든지 등의 표현으로 해학적이 모습이 더 인상적이고 마을의 평화와 주민의 안녕을 바라는 것이 내포되는 것이 일반적이다.

벅수와 관계되는 속담도 많은데 그것을 알아보면 "벅수 입에 밀가루 발라 놓고 국수 가사 내라 한다."는 것이 있는데 이 뜻은 우기기 잘하고 말솜씨 좋은 재주가 많은 고집쟁이를 표현한 말이다.

이렇듯 벅수는 마을마다 있었지만 이제 보기 힘든 것이고 물고기를 양손에 들고 있는 것은 마을과 가문에서나 입신양명을 기원하는 것이 모두의 바람이니 벅수가 물고기를 들고 있는 까닭인 것이다.

⑫ 범종에 보이는 물고기

강화도에 있는 대한 성공회 강화성당은 한옥으로 되어 있어, 필자의 눈길을 끌어 방문을 하였다. 鍾에 새겨진 문양을 보니 사각형 방패 모양에 가운데는 십자가를 표현하였는데 내부에는 물고기 문양이 대각으로 있다.

鍾은 범종의 형태를 띠고 있어 그러한 것은 외국 사람들이 만들지 않고 국내의 匠人들이 만든 것으로 추정된다. 종 형태가 서

그림 31. 강화성당 鍾의 물고기

양에서 쓰이는 鍾의 모양이 아니기에 그렇게 생각하였다.

범종 모양을 한 鐘이 성당에 있다는 것도 특이한 것이고. 십자가를 표현하였으며, 물고기는 등이 굽은 모양으로 되어 있는데 그 옆에는 수초가 보이는데, 그 당시 들어온 선교사들의 영향이 아닐까 하는 생각이 든다. 특히 鐘에서 보이는 문양 중 水草와 물고기 표현은 유일하지 않나 하는 생각이 들며, 특히 잉어가 뛰어오르는 듯한 모습을 약간 변형을 하여 표현되었다.

비석에 물고기를 표현하는 경우는 쌍어문에서 보았듯이 碑首나 碑의 받침에서 보였다. 그것은 대부분 쌍어를 표현하였지만 다음에 나열하는 것은 한 마리의 물고기를 표현하는 비석들이다.

필자가 찾은 것은 몇 좌 되지 않는다. 그렇지만 전국에는 사적비, 유허비 등 많은 비석들이 존재하기에 물고기를 표현힌 돌기둥이 많이 있을 것으로 생각된다.

⑬ **碑陽에 보이는 물고기**

그림 32. 포항 법광사지 석가사리탑 중수비

독특하고 재미있는 문화유산 이야기 中

제일 먼저 소개하는 것은 포항 신광면에 있는 법광사지 석가사리탑 중수비이다. 3층탑 옆에 있으며, 물고기의 모습이 선명하고 좌우로는 국화 문양이 있다. 뒷면에도 문양이 있으나 물고기의 표현은 아니었고, 이 중수비를 촬영할 때마다 역광이어서 사진이 잘 나오지 않아 몇 번을 찾아가서 사진 촬영을 하였다. 물고기와 국화문은 어울리지 않아서 필자가 보기는 국화를 연꽃으로 보는 것이 불교적인 시각인 것으로 생각된다.

　법광사지 석가사리탑의 내용에는 탑을 다시 만들고 법당을 세운 뒤 편액을 금강계단으로 하였다는 기록이 보이는데 이 편액이 통도사에 영향을 미친 것으로 중수비 기록이 되어 있어 필자가 찾는 물고기보다는 더 중요한 자료가 비석의 명문에 있다. 비석 명문의 풀이에는 탑을 중수하려고 철거하자 석가불 사리가 나왔다는 기록이 있다. 물고기만 보지 말고 법광사지 석가사리탑 중수비의 내용을 보는 것이 중요하다고 생각된다.

그림 33. 이장경 신도비 물고기

　신도비에도 물고기의 표현이 보이는데 여러 신도비 중 1좌의 신도비에

1. 물고기 형상이 보이는 것들

서 물고기를 보았다. 전국에는 수많은 신도비가 있기에, 어딘가는 물고기를 표현한 신도비를 있을 것으로 생각된다.

경북 성주 안산영당 앞에 있는 이장경의 신도비에 물고기 표현이 있다. 신도비 비양에는 없지만 비음에 龍 두 마리 꼬리 사이에 물고기 표현이 있으나 신도비 비음에 보이는 물고기는 꼬리가 보호하는 느낌이 들고 용 꼬리의 표현이 물고기의 꼬리를 가져와서 想像의 용을 만들었기에 물고기와 용은 같다는 생각도 하여 본다. 龍은 순수 우리말은 미르인데 미르가 물에서 나왔다고 하니, 물고기와 용은 동격의 의미가 있다고 본다.

그림 34. 풍천재 시문용 유허비

성주에 있는 풍천재는 중국 明나라의 장수 시문용과 서학을 기리는 유허비가 있으며, 시문용은 명나라 사람이지만 임진왜란 때 조선을 도우러 왔다가 조선에 귀화한 인물인데, 문장과 무예에도 뛰어나고 불교, 유교에도 박식한 것은 물론이고 천문, 지리, 의술, 군사 등 통달하지 않은 데가 없는 사람이었다. 또 다른 인물인 서학은 시문용 동향 사람으로 임진왜란 때 많은 전공을 세웠다고 하며, 그리고 이 두 사람은 시문용이 부상을 당하여 조선에 머물 때 같이 있게 되었고, 풍천재는 유림들이 1834년에 세운 것인데 그곳에 시문용와 서학의 유허비가 있으며, 유허비에 물고기의 표현이 있다.

풍천재 입구에 들어서면 좌측에 2좌의 유허비가 있으며 정면 왼편이 시문용의 것이고 그 옆이 서학의 유허비이다.

받침은 귀부로 되어 있으며, 비음 부분에 꼬리와 꼬리 사이에 물고기 표현을 하였다. 안산영당에 있는 이장경의 신도비와 비슷하여 이장경의 신도비를 본받아서 만든 것으로 생각된다.

용은 하늘에서 움직임을 보이기에 주변은 구름을 나타내는 경우가 많다. 碑陰에는 꽃을 표현하였는데 용 꼬리 좌우에 나타나 있다. 꼬리는 두 번을 새끼 꼬듯이 만든 형태로 세로로 물고기를 표현하였는데 하늘로 솟구치는 표현인 것으로 생각된다.

그림 35. 성주 풍천재 서학 유허비 물고기

서학 유허비의 물고기는 시문용의 물고기보다는 많이 닳아서 잘 보이지는 않는다. 꼬리는 비비 꼬았지만 시문용과는 길이와 굵기에서 조금 차이가 나고 시문용과 서학의 유허비에서 보듯이 비음에 물고기를 표현하였으며 꽃을 용꼬리 좌우로 표현되었으나 크지는 않다.

龍은 물에서 나왔으니 물에는 물고기가 삶을 영위하는 곳이라 서로 연관성이 있으니 조각을 한 것으로 풀이된다. 물고기의 표현은 그다지 크게 되어 있지 않으나 유허비에 보이는 물고기 작례는 거의 보지 못하였다는 것에 중요성을 둔다.

유허비에서 보이는 물고기 외의 작례는 지방 고을 사또의 선정비에서 보이는 경우가 있는데 전국에 많은 선정비를 보았지만 필자가 본 경우는

그림 36. 함안 돈풍각 선정비 물고기

독특하고 재미있는 문화유산 이야기 中

하나의 작례이기에 희귀성에 무게를 두었다.

그 많은 선정비 중에서 물고기 표현이 흔하게 보일 것으로 생각되지만 대부분 龍이나 국화 등의 문양이 주류를 이루고 있어 귀한 작례로 생각된다.

함안 돈풍각 옆에는 많은 선정비들이 있지만 그중 하나에서 碑에서 물고기가 표현되었는데 선정비는 명문이 마모가 되어 어느 사또의 것인지 알아내지 못하였다. 물고기는 碑陽에 있고 연 줄기가 비양을 둘러싸고 내부에 연꽃과 물고기를 표현하였다.

연꽃은 불교적으로는 연화화생을 말하며, 물고기는 수행을 증진하라는 의미이기도 하지만, 여기서는 출세와 자손 번창을 나타내는 것으로 풀이된다. 연꽃과 같이 있는 물고기의 표현은 사찰의 건물 중 수미단의 하단에서 많이 보이는 경우로, 연꽃 속에서 몸은 감추고 얼굴만 보이는 것이 많이 보였다.

碑에 새겨진 사또는 현감의 벼슬을 한 인물이지만 빗면의 마모로 인해 보이지 않아, 선정비의 주인공이 누군지는 알아내지 못하였다. 특히 금석문을 조사한 함안의 금석문에는 선정비의 위치만 언급하고, 신도비, 정려, 孝子碑만 수록되어 있어 선정비의 주인공을 더더욱 알 수 없었다.

⑭ 물고기가 보이는 기타의 작례

앞에는 비석과 古 건축물에 보이는 물고기의 작례를 나열하였는데 이번에는 여러 작례를 가리지 않고 나열하여 본다.

포항 흥해에 있는 영일민속박물관에는 喪輿가 있는데 장식품 중에 앞과 뒤에 용수판이 있다. 용수판은 부채 모양으로 되어 있고 상여 앞뒤에 부착하는데 재료의 종류는 금속, 투각 등 여러 가지로 만들어진다.

그림 37. 포항 영일민속박물관 용수판

용을 새겨서 상여에 나쁜 기운이 오는 것을 막아 주고, 망자를 호위하고 극락세계로 인도해 주고, 다른 의미로는 龍의 머리를 한 것으로 돌아가신 분들이 타고 간다는 의미가 있다. 물고기를 입에 물고 있는데 그 이유로 강우방 선생의 이론[3]을 간단하게 인용하면, 龍은 물에서 나왔기에 만물을 탄생시키는데 직접 만물을 만드는 것이 아니고 영기문을 먼저 내어 만물을 탄생시킨다. 이 모두가 물을 상징하고, 보주가 나오는 것도 있고, 물고기를 물고 있는 龍은 용의 입에서 물이 나오는 것을 의미한다고 한다. 전국에는 많은 용수판이 있지만 물고기가 있는 것도 있고, 아닌 것도 있어 앞의 작례만 글을 쓴다.

---

3) 위의 내용은 서울신문 [세계의 조형예술 龍으로 읽다] '용의 입에서 무엇이 나오는가'를 참고하였다.

그림 38. 나주 국립박물관 금동신발 물고기

그림 39. 백자 청화 물고기 모양 연적 – 국립중앙박물관

물고기는 중국뿐만 아니라 우리나라, 일본 모두에서 기쁨과 행운, 풍요, 다산, 자손 번성, 출세 등을 내포하고 있고 아울러 정치적인 것도 함께한다.

물고기를 표현하는 구성물은 다양하게 나오는데 청동거울, 백자, 연적, 회화, 청자, 베개에서도 보인다. 佛國土가 아니고 魚國土라 불러도 손색이 없어 보인다.

그림 40. 동제 물고기 무늬 거울 - 국립중앙박물관

앞의 사진에 보이는 청동거울은 쌍어문으로 조성되어서 앞의 내용에 넣어야 하지만 쌍어보다는 물고기를 구성하고 있는 재료에 초점을 두었기에 여기에 넣었다.

"백제나 신라의 고분 출토품 중에는 물고기가 장식된 것이 일부 있다. 무령왕릉의 청동 잔을 비롯한 나주 복암리 석실분의 금동 신발, 그리고 신라 황남대총, 천마총, 금관총 등의 요대에서 물고기 장식을 살필 수 있다. 아울러 이들 유물은 일반 계층에서 찾아볼 수 없는 왕이나 귀족들에 의해 사용된 위세품에 해당되었다. 예로부터 물고기는 자손 번성, 경제적 풍요, 출세 등을 의미하는 상징체계로 이해되고 있다. 대체로 부정적인 내용보다는 길상적 측면에서 설명되고 있으며 이의 기원은 중국 신석기시대의 채도 문화에까지 소급되고 있다.

중국은 한대에 이르러 다양한 물고기 장식이 제작되었고 이는 남북조시대에까지 꾸준하게 유지되고 있다. 따라서 우리나라 삼국에서 관찰되는 물고기 문양은 시기적으로 보아 중국 남북

독특하고 재미있는 문화유산 이야기 中

조시대에 유입된 문화 요소로 이해된다.

아울러 백제나 신라의 물고기 장식은 5세기 말~6세기 초경 일본에 전파된 것으로 생각된다.

일본에서의 물고기 문양은 금동신발을 비롯해, 금동 관, 대도, 요패 등에서 찾아지고 있다. 특히 江田船山古墳에서 수습된 대도에는 물고기 문양과 더불어 통치권을 의미하는 내용까지 명기되어 있다. 따라서 위세품에 조각되어 있는 물고기의 의미는 명문이 기록되어 있지 않은 백제나 신라의 물고기 장식 유물에도 직접적인 연관성이 있을 것으로 사료된다.[4]

직지성보박물관 물고기 1　　　　직지성보박물관 물고기 2

그림 41. 직지성보박물관 물고기 모양 삭도

---

4) 사문화학회 논문「고대 한일 위세품에 보이는 물고기 문양의 계통과 전파」에서 발췌하였다.

직지성보박물관 야외에도 물고기 형태가 있는데, 직지성보박물관에 문의하니 삼성암의 우물에 있었던 것으로 답이 왔다. 옛 우물들은 구덩이를 파고 그 위에 구조물을 설치하는데, 직지성보박물관 야외에 보이는 물고기는 암자가 일반적으로 산속에 있는 경우이며, 물의 상징이 물고기이기에 우물 구조물에 새긴 것으로 생각된다. 직지성보박물관 내부에는 스님들의 머리카락을 깎는 삭도(削刀)에도 물고기 형태를 하고 있다. 날카로운 칼에 물고기가 있어 쉽게 눈에 들어오지만, 부처를 모시는 수행자로서 한 달에 두 번은 머리카락과 수염을 밀어야 했던 용도이기에 소중하게 보존되었던 것으로 생각된다.

사찰에도 많은 물고기가 표현되어 있는데, 건물 천정이나, 안초공의 용두애도 보이는 작례가 많이 있으며, 전국에 사찰에 골고루 분포되어 있어 열거하기 어려울 정도이다. 그런데 민가의 정자에는 잘 보이지 않는 작례라서 여기에 소개한다.

그림 42. 운서정 정면 물고기

　　　　　독특하고 재미있는 문화유산 이야기 中

전북 임실에 있는 雲樓亭에는 물고기 표현이 정면, 向 우측, 후면에 각각 있는데, 대부분 용두에 물고기를 입에 있는 표현이다. 이러한 표현은 사찰의 건물에 많이 보이는 작례인데, 일제강점기 당시에 새워진, 정자에 화려한 단청과 조화롭고 아름다운 물고기의 모습은 亭子의 건물에서는 보기 드문 것이어서 눈에 쉽게 들어온다.

운서정이라는 편액이 파묻힐 정도로 화려한 단청 문양에 두 마리의 용 중에 향 좌측의 용이 옅은 녹색의 물고기를 물고 있으며 마치 물고기 도망갈까 봐 삼킬 듯한 모습으로 표현되었다.

그림 43. 운서정 동편 청룡 입 속의 물고기

사진에서 보이듯이 龍의 입 속에 물고기 있는 것은 '왜'라는 의문은 든다. 하지만 운서정을 만든 이유는 당대의 부호인 승지 김양근(金瀁根)의 아들 승희(昇熙) 공이 부친의 유덕을 추모하기 위해 1928년 쌀 3백 석을 들여 6년간에 걸쳐 건립하였다 기에 추모라는 마음이 '운서정'이라는 정자에 다 스며들었다고 생각하는 것이 운서정에 보이는 장식과 아름다움인 것으로 풀이된다.

정각과 동·서재 그리고 가정문(嘉貞門)으로 이루어져 있어 지방에서는 보기 드문 조선조 본래 건축 양식을 보여 주고 있으며, 특히 거대한 목재와 석축 등은 보는 이로 하여금 감탄케 하고 있다.

운서정에 아래를 바라보니 강이 흐르고 있고, 신선 네 명과 선녀 네 명이 풍류를 즐겼다고 하여서 붙여진 이름이 있는 四仙臺를 바라보니 내가 바로 신선이 되었다는 느낌이 들 정도이니, 운서정의 아름다움과 나의 마음이 어울려 한 폭의 신비로운 무릉도원에 온 느낌이 든다.

필자가 여러 곳의 亭子를 보았지만 운서정을 바라보니 다른 정자는 눈에 들어오지 않을 정도라는 표현하여도 무방하다고 생각이 절로 나는 곳이다.

그림 44. 운서정 북편 황룡의 입 속 물고기

노란 머리, 노란 얼굴의 물고기는 옅은 녹색으로 표현되었지만, 짙은 청자의 색으로 보인다. 눈을 부릅뜨고 코를 벌렁거릴 듯한 모습은 물고기가 나중에 용이 되기 위한 미래의 모습이 표현되어 나타났다고 생각이 드는

데, 뿔이 하나 부러져 위엄 있는 용의 모습이 애처롭기만 보인다.

추운 12월의 산바람에 흔들리지 않은 초연함이 묻어나는 어변성룡의 표현은 오래 기억될 것이다. 하지만 단순함이 묻어나는 그림이 아니라 匠人의 힘 있고 아름다운 솜씨에 탄생한 것이라 비늘 등 마치 살아 있는 모습을 잘 나타내는 데 얼마나 많은 힘이 들었을까 하는 마음이 든다.

인간이 출세하거나, 잉어가 등용문에 뛰어오르거나, 물고기가 龍으로 변하는 모든 것은 얼마나 功과 힘이 들었을까 하는 생각이 먼저 떠오르게 한다. 물고기의 표현은 다산과 여유 그리고 출세의 뜻이 있기에 여러 곳에서 나타나는 것이어서 우리에게는 친숙한 것인데 다양한 표현 하나하나가 우리에게는 희망과 행복을 주는 것으로 생각된다.

사찰에서 보이는 물고기는 대들보에도 보이고 수미단(須彌壇)[5]에서도 보이지만, 수미단의 물고기 표현은 여기서 나열하지 않고 제천 신륵사에 있는 아미타魚를 소개한다.

제천 신륵사 극락전 외벽 박공에는 물고기가 물고기를 토해 내는 그림이 있다는 자료를 보고, 차를 몰아 멀리 제천 신륵사에 갔다. 처음 방문은 아니지만 극락전 외벽이나 석탑을 예전에 촬영을 하였다. 그런데 흔히 '토어도(吐漁圖)'라고도 불리는 박공의 물고기 그림을 찾아보니 없어서 다시 방문한 것이다.

극락전 외벽 박공에 보이는 그림은 큰 물고기가 작은 물고기를 토해 내고 작은 물고기가 또 더 작은 물고기를 토해 내는 것이다. 극락전 좌우 박공에 그림이 있으며, 하나는 붉은색으로 하나는 먹으로 표현되어 있다.

---

5) 나무나 금석 또는 돌로써 수미산 형태의 단을 만들고 그 위에 불상을 안치하는 대좌를 말한다. 사찰의 법당 내부 정면에 안치하게 된다.

그림 45. 제천 신륵사 물고기 그림 1

　　　　　　　　　독특하고 재미있는 문화유산 이야기 中

그림 46. 제천 신륵사 물고기 그림 2

1. 물고기 형상이 보이는 것들

박공의 그림은 부처님이 전생에 보살행을 닦을 때 큰 물고기에게 잡아 먹히는 작은 물고기를 가엾게 여겨 큰 물고기를 잡아 멀리 보내고 작은 물고기들의 걱정을 덜게 했다는 것에서 취한 그림으로 널리 알려져 있다.

그림 47. 울산 남창 옹기박물관 물고기

물고기 작례를 앞의 자료만으로 충분하다고 하였는데 어느 분이 말하기를 필자가 사는 지역에서 하나 넣어야 되지 않겠나 하기에, 울산 외곽에 있는 옹기박물관[6]에 가서 사진 촬영을 하고 책에 싣는 것을 허락을 받

6) 2023년 8월 27일 옹기 박물관 이름 나오는 조건으로 허락받았다.

았다.

앞에서 나열한 물고기는 여러 곳에서 나타나는데 일일이 다 소개를 못한다.

화수분이라는 말이 있다.

원래는 하수(河水)분이다.

이 말은 "진시황 때 만들어진 말인데, 만리장성을 쌓을 때 거대한 물통을 만들어서 거기에 황하의 물, 즉 하수(河水)를 담아 와서 사용했는데 그 물통이 워낙 커서 물을 아무리 써도 전혀 줄어들지가 않는다고 느껴질 정도였고, 이것이 '무언가 써도 써도 마르지 않는 신비한 단지'를 말한다."

물고기 이야기도 화수분 같기에 여기서 줄이는 것이다.

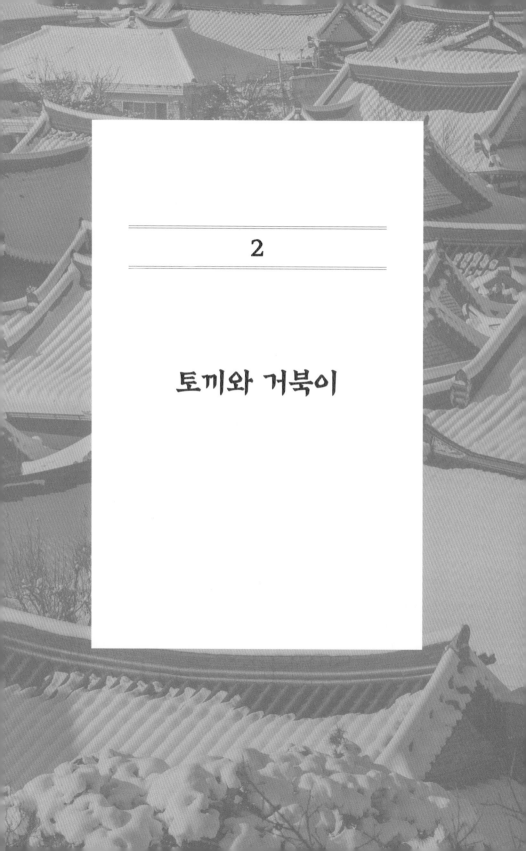

2

토끼와 거북이

토끼와 거북이는 전래 동화로 많이 알려져 있으며, 이솝 우화에도 등장하는 소재이고, 생장과 풍요와 다산을 상징하며, 더 나아가 행복, 부자를 의미한다. 사찰이나, 고건축이나, 단청으로 된 벽화에도 거북이 등에 토끼가 타고 용궁으로 가는 그림이 보인다. 이러한 작례를 한번 모아 보았는데 전국에 많이 있다고 생각되지만, 필자가 본 것만 나열하여 본다.

그림 48. 통도사 명부전 거북이와 토끼

통도사 명부전의 토끼와 거북이 벽화는 용궁으로 가는 모습이 적절하

독특하고 재미있는 문화유산 이야기 中

게 표현되었으며, 부처님의 前生談을 그대로 옮겨 놓은 듯한 그림이다. 거북이는 부처님을 상징하고 등에 탄 토끼는 중생을 나타내는데, 이러한 모습이 새로운 세계를 동경하는 듯 하고 중생을 피안의 세계로 인도하는 것으로 생각된다.

다른 생각으로는 별주부에게 속아 용왕을 찾아가는 토끼의 모습이 보인다. 이 이야기는 원래는 악어와 원숭이의 이야기이지만, 중국을 거치면서 토끼와 거북이로 바뀌었는데, 그러한 것이 『별주부전』이나 그림으로 남아 있고, 그 흔적은 대구 용연사에 있는 악어의 형상이 별주부의 원형을 알려 준다.

그림 49. 대구 용연사 악어

남원 광한루는 광한 청허부(廣寒淸虛府)라 칭한 후 광한루라는 이름으로 불리게 되었다. 광한 청허부는 달나라의 옥황상제가 사는 궁전을 뜻한다. 그곳에 거북이 등에 토끼가 타고 가는 모습이 보이며, 용궁은 바다에 있는데 광한루는 하늘에 있는 옥황상제가 사는 곳이다. 여기는 『춘향전』의 무대가 되어 이몽룡과 첫 만남이 있었던 소설 속의 장소이기도 하다.

여기에도 토끼가 거북이의 등을 타고 용궁을 탈출하는 듯한 모습이 보이는데, 판소리 〈수궁가〉의 한 소절이 여기에 표현되었을 것으로도 생각되는데, 용궁을 오고 가는 토끼의 마음이 어떠했을까! 간이 조마조마하지 않았는지 물어보고 싶은 생각도 들며, 토끼는 소로에 매달려 작게 표현되

그림 50. 남원 광한루 토끼 1

그림 51. 남원 광한루 토끼 2

독특하고 재미있는 문화유산 이야기 中

어 있어 쉽게 눈에 들어오지 않는 곳이라 자세히 살펴보아야 한다.

앞의 사진에 보면 토끼가 거북이 등에 타고 가는 모습인데, 하나는 오른편으로, 하나는 왼편으로 가는 모습이다. 앞의 작례 외에도 춘향을 모시는 사당에도 토끼와 거북의 표현이 있다.

열녀 춘향사 현판 아래에는 바위를 좌우에 두고 파도를 헤치고, 나아가는 토끼와 거북의 모습이 당당하며, 그 아래 거북이는 용왕의 병을 고칠

그림 52. 남원 광한루 춘향사 토끼와 거북

그림 53. 남원 광한루 춘향사 토끼와 거북 측면

수 있다는 생각에 고개를 높이 들고 앞으로 힘차게 나아가고 있다.

여기서 의문은 춘향의 사당에 왜 토끼와 거북이 그림이 있을까 하는 것인데, 광한루 전체가 하늘의 궁전이고 춘향전에서는 거북이와 토끼 이야기는 나오지 않아 많은 의문을 남긴다. 남원의 지세가 물 위에 떠 있는 배 같아서 용궁의 이야기 있는 토끼와 거북이 형태가 있는 것으로 생각되지만, 다른 한편으로는 필자의 생각이지만, 보는 이의 마음과 눈이 즐거우면 된다는 생각만 하게 된다.

모든 것을 떠나 즐기면 된다는 생각이 드는 것은, 토끼와 거북이의 이야기가 우리 마음속에 깊게 자리 잡아서, 곳곳에 표현을 한 것으로 필자는 생각한다.

그림 54. 남원 선원사 칠성각 붉은 선 안 토끼와 거북

독특하고 재미있는 문화유산 이야기 中

남원에는 앞의 작례 외에도 선원사에 토끼와 거북이 표현이 있다. 칠성각 정면 좌우측에 토끼와 거북이가 있는 이유는 선원사가 비보사찰이기에 그렇다.

여기서 裨補는 풍수학적으로 약하거나 넘치는 것을 줄이거나 채워 주는 것으로 말하는데, 남원을 가로질러 흐르는 요천이, 풍수학적으로 남원의 지세가 물 위에 떠 있는 배와 같아서 선원사를 창건하면서 약사전 앞에 두 개의 석주를 세워 놓았는데, 지금은 하나뿐이지만 이것이 남원이라는 배를 묶어 두는 역할을 하게 만든 것이고, 칠성전의 토끼와 거북이는 불교적으로 해석하면, 피안의 세계로 안내하는 역할을 강조하기 위해 표현한 것으로 생각된다. 토끼는 중생이고 거북이는 물난리가 나면 중생을 구원을 해 주는 구원자로 해석하여야 할 것으로 보인다.

大慈大悲가 선원사에 표현된 것으로 생각되며, 토끼와 거북이가 있는 이유가 정확하게 나타나는 것으로 보인다. 선원사 약사전 앞에는 돌기둥이 두 개이지만 向 오른편은 석등의 부자재이고, 向 왼편에 있는 돌기둥이 남원의 地勢를 잡아 주는 것으로 보이는 돌기둥이다.

그림 55. 남원 선원사 약사전 앞 돌기둥

선원사 약사전은 아픈 중생을 고쳐 주는 약사불을 모시는 곳이다. 피안의 세계로 안내하는 거북이와 토끼가 있다고 생각하면, 큰 무리는 없어 보이지만 선원사 칠성각은 인간의 수명을 관장하는 곳인데 칠성각에 표현된 토끼와 거북이는 어떤 의미일까! 하나가 아닌 두 개의 형상이 있어 많은 생각을 하게 된다.

그림 56. 남원 선원사 칠성각 정면 우측

그림 57. 남원 선원사 칠성각 정면 좌측

용왕의 아픈 병을 고치기 위해 거북이가 육지로 나와 토끼를 속여 가는 이야기가 목조 건물에 있다는 것은 불이 나지 말라는 의미가 있을 것으로 보인다. 물을 표현하기란 어렵지만 다르게 표현은 얼마든지 가능하기에 火魔가 나지 않도록 하기 위해 토끼와 거북이 형상을 만든 것으로 풀이되는데 두 개의 형상은 그런 의미가 더욱 강하게 표현한 것으로 생각된다.

화마가 나지 않도록 하는 것은 통도사에도 표현이 되어 있는데, 소금 단지를 목조 건물 곳곳에 둔 것을 본 적이 있고, 합천 해인사에도 火魔가 나지 않도록 하는 것이 있다. 또한 순천 선암사에도 목조 건물에 水와 海를 새겨서 불에 약한 목조 건물에 불이 나지 않도록 기원한 것이 있다.

칠성각의 토끼는 정면, 좌우에 있는데 가장 재미있는 표현은 용궁에 왜 가는지도 모르고 웃고 있는 토끼의 모습이 한편으로 불쌍하기도 하고 귀엽기도 하다.

그림 58. 서울 목인박물관 토끼와 거북

목인박물관에도 거북이 등을 토끼가 타고 가는 표현이 있으나 앞의 모양과 차이는 없다.

그림 59. 장수향교 토끼와 거북

　전북 장수향교에도 거북이와 토끼의 표현이 있는데, 유교 건축인 향교와는 별 다른 인연이 없어 보이나, 목조 건물의 火魔를 막기 위한 주술적 표현으로 생각된다.

그림 60. 화엄사 구충암 토끼와 거북

　구례 화엄사의 암자인 구충암에도 龜兎의 표현이 있다. 토끼와 거북의 표현은 여러 곳에 표현되었다고 생각되고, 목재 건물에 화마를 막기 위한

　독특하고 재미있는 문화유산 이야기 中

주술적인 것도 있고 사찰의 장식적인 면도 있기에 몇 개의 토끼와 거북이의 표현을 나열하여 본다.

그림 61. 경남 옥천사 대웅전 토끼와 거북

고성 옥천사 대웅전 내부의 토끼와 거북의 표현[7]이 있으나, 직접 가서 사진 촬영을 하였으나 조명과 사진의 흔들림으로 인해 제대로 촬영을 하지 못하였다.

희미하기는 하여도 토끼와 거북의 색채는 잘 보여서 용궁으로 가는 토끼와 거북의 모습이 잘 보인다. 토끼와 거북의 표현은 전북 남원에서 많이 보이는 것인데, 멀리 경남 고성에서 이러한 표현을 왜 하였는지 의문이 들지만 장식적인 요소에 추가한 것으로 필자는 생각한다.

---

7) 고성 옥천사 대웅전의 토끼와 거북 표현은 실내조명과 사진이 흔들려서 제대로 촬영을 하지 못하였기에 '남도석조불상연구소' 이홍식의 선생의 사진을 허락하에 가져왔다.

그림 62. 밀양 표충사 대광전 거북이와 토끼

글을 쓰는 중에 밀양 표충사에도 토끼와 거북의 표현이 있다 하여, 시간을 내어 가서 사진 촬영을 하였으며, 표충사 대광전 수미단 하단에 토끼와 거북이가 표현이 되었는데, 수미단은 2단으로 나누어져 있으며, 하단에 표현되어 있다. 수미단은 3단으로 구성되어 하단은 물을 나타내고 중단은 육지, 상단은 하늘의 날짐승을 표현하였다. 표충사 대광전의 수미단은 2단으로 되어 있고, 상단은 꽃을 표현하였으며, 거북과 토끼는 물을 표현하는 하단에 표현된 것이다.

하얀 파도가 굽이치고 청색의 거북과 흰색의 털에 귀가 붉은 토끼는 앞으로 가는 거북이 등에 몸을 실은 모습은 오직 용왕의 병을 고치러 가는 마음과 나중에 거북에게 속았지만, 肝을 두고 왔다는 토끼의 말이 생각날 정도로 어떠한 말로 하지 않아도 像想이 가능한 형태이다.

상주 남장사에도 토끼가 용궁으로 가는 그림이 있는데 그곳에는 토끼의 표현이 다른 지역과 달리 한 쌍으로 나온다. 그중 한 마리는 거북이의 등에 타고 가는 모습이고 다른 하나는 잘 다녀오라는 듯이 손을 흔드는 모습도 있지만 다시 와서 날 데리고 가라 하는 욕망도 있는 것으로 보인다.

그림 63. 상주 남장사 토끼와 거북

    대부분의 토끼의 표현은 하나인데 여기는 독특하게 한 쌍으로 표현된 것이 보기 드문 작례이다. 거북의 형태는 龍의 얼굴을 하였는데 龍生九子說에 보이는 비히[8]는 등에 무엇을 얹거나 지는 것을 좋아해서 토끼를 등에 지고 가는 모습을 보이는 것이다. 碑石의 받침을 대부분이 龜趺라 하여 龍과 거북의 모습이 보이는데 여기에 보이는 거북이의 모습이 비석 받침의 영향을 받아서 거북 얼굴이 용의 형태를 띤 것으로 생각된다.

---

8)   비히, 패하라고 하며 비석의 받침에 보이는 거북이나 용의 모습이다.

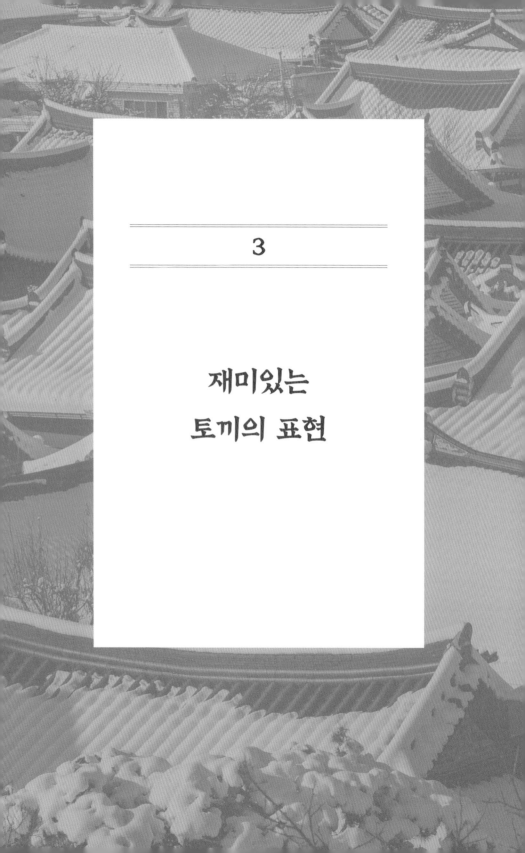

3

재미있는
토끼의 표현

토끼의 표현은 거북이 등에 얹혀 용궁으로 가는 모습만 있는 것이 아니고 다른 표현도 나타난다.

그림 64. 한독의학박물관 토기 모양 약연

조선 후기에 만들어진 藥碾(약연)에는 토끼의 몸으로 된 형체이다. 커다란 귀를 접었고 등에는 홈을 파서 돌로 된 분쇄를 하는 돌이 약초를 빻는 형태인데, 많은 약연 중에서 토끼로 된 것은 유일한 것으로 보인다. 토끼는 달나라에서 선단을 만드는 것으로 알려져 있어 약연을 토끼 모양으로 한 것으로 생각된다.

그림 65. 금산사 보제루 토끼

김제 금산사 보제루에는 쌍 토끼가 거꾸로 매달려 장여[9]를 받치고 있는 느낌이 든다. 자세히 보면 花盤의 역할도 하는 것처럼 보이지만, 필자는 보제루 정면에 숨어 있는 호랑이가 무서워서 숨어 있는 것처럼 생각된다.

山中之王인 호랑이가 무서워 보제루에 숨어서 살아남기를 바라는 모습으로 보이는데, 작은 소로[10]가 무게를 견딜까 하는 안쓰러운 면도 있다. 특히 토끼는 포효하는 호랑이에게 들키지 않아야 하는데 두 마리의 토끼는 입을 벌려 소리를 내는 듯한 모습이 배가 고픈 호랑이에게 잡아먹힐까 애처롭게 보인다. 꾀 많은 토끼가 산속으로 가지 않고 지붕 밑에 숨은 것은 어리석은 호랑이가 찾을 수 없을 것이라는 믿음이 있기에 거꾸로 매달려 있는 것 같다.

---

9) 목조 가구에서 도리 밑을 받치는 모진 기둥이며, 장방형의 단면을 가진 기다란 건축 부재(部材)이다.
10) 접시받침이라고도 한다. 목조 건축물의 공포를 구성하는 데 쓰이는 부재로서 그 형태가 주두(柱頭)와 닮은꼴이나 크기가 작다.

그림 66. 금산사 보제루 호랑이

포효하는 호랑이 배가 고파서 먹을 것을 찾다가 토끼를 발견하였지만, 지붕 밑에 숨은 것을 찾지 못하고 굶주림을 참고 내일을 기대하며 숲속으로 돌아가는 모습이 상상이 되는 것은 토끼가 숨은 곳이 절묘한 위치라는 생각이 든다.

그림 67. 금산 대원정사 토끼 1

독특하고 재미있는 문화유산 이야기 中

사찰의 법당에 내부와 외부는 많은 그림이 있지만 그중에 토끼가 그려진 곳은 보이지 않았는데, 우연히 들른 사찰에서 토끼의 그림이 있었다. 자주 보이는 옥토끼 그림도 아니고 호랑이가 담배를 피울 때 불을 붙이는 그림도 아니었다.

부처님께 삼배를 하고 나오는 경우가 많지만 천정을 보는 경우는 없었다. 2023년은 계묘년이라 살펴보게 되었는데, 작은 법당 천정에 충량[11] 부근에 토끼가 한가롭게 풀을 뜯으며 있는 모습인데, 좌우측에 그림이 그려져 있다. 두 마리의 토끼가 정답게 나무 아래에서 마주 보며 웃는 얼굴이 화목하게 보이는데, 다른 곳의 토끼보다 귀를 크게 표현하여 우스꽝스런 모습이다. 토끼는 장수, 다산, 지혜를 상징하는 것으로 여러 곳에서 표현되지만, 법당 천정에서는 처음 보는 것으로 생각된다.

대원정사는 원래 하신리 온양이씨 어필각(溫陽 李氏 御筆閣) 인근에 있었으나, 일제강점기 때 현재의 위치에서 약 100m 정도 떨어진 곳으로 옮겨졌다가 1982년 다시 현재의 위치로 옮겨졌다. 그리고 대원정사는 금산을 방문할 때마다 문이 잠겨 들어갈 수 없었는데 7번째 방문에 재미있는 토끼 그림을 보게 되었다.

그림 68. 금산 대원정사 토끼 2

또 다른 토끼 그림은 바위를 사이

---

11) 충량은 대들보와 직각 방향으로 놓여 측면의 평주와 가로 걸치면서 측면을 통과하는 중도리 등을 떠받쳐 지붕 합각부의 무게를 지탱하여 대들보와 평주로 분산시켜 주는 역할을 한다.

에 두고 정답게 마주 보는 모습이며, 화목하고 정다움을 표현하였다. 토끼의 귀가 분홍색으로 표현되어 귀엽고 오래도록 정감이 가는 그림으로 생각된다. 그림의 전체적인 것으로 보아서는 오래된 것은 아니지만, 2023년이 계묘년이라서 여기에 소개하였다.

그림 69. 포항 영일민속박물관 떡살

　토끼는 떡살에도 보이는데 여러 가지 문양이 많이 있는 떡살에는 국화, 물고기 등이 있지만 토끼가 있는 것은 자주 보지 못한 것이라 더 눈길이 갔다. 토끼가 웃고 있는 모습이 民畵나 漫畫에서 보이는 깜찍하고 귀여운 모습이 보여 토끼 모양을 떡을 보면 쉽게 먹지는 못할 것으로 생각된다.

토끼는 옛이야기 속과 동요에 귀엽고 조그마한 모습과 놀란 듯한 표정에서 친근감과 착하고 순한 동물로 인식되는 것도 있지만 몸놀림이 재빨라 영리한 동물로 묘사되고 있다. 토끼가 우리 민족 정서 깊숙이 자리 잡았기에 여러 곳에서 다양하게 나타나는 것으로 생각된다.

토끼는 樓閣에도 나타나는데 앞서 소개한 김제 금산사 보제루에 보이

그림 70. 운서정 동편 토끼

그림 71. 운서정 서편 토끼

는 토끼는 거꾸로 매달려 있지만, 임실 雲棲亭에 보이는 토끼는 花盤[12]의 역할을 제대로 하고 있다.

운서정 좌우측 창방[13]에 자리 잡은 토끼는 가운데 보이는 龍을 지키듯이 눈을 부릅뜨고 있어, 무섭기도 하며, 토끼는 좌우측 네 마리가 있으며, 하얀 아름다운 하얀 털을 지니고, 극락정토를 꿈꾸고 있는 모습이 당당하게 보인다. 기품이 있고 아름다운 문양이 넘치는 이곳은 상당히 인상적이며 토끼가 창방에 있는 이유가 어떤 의미가 있는지 알 수 없지만 있다는 그 자체만으로도 보기 좋은 것이다.

운서정 동편에 보이는 토끼는 龍 좌우에 서로를 바라보면서 앉아 있지만 화려한 단청 속에 유난히 흰색이 더욱 희게 보인다. 서편의 토끼와는 차이는 크게 보이지 않지만 동편에는 용이 불고기를 물고 있고, 시편에는 물고기를 물지 않고 입을 벌리고 있는 형태가 차이가 나지만, 내부에서 보아도 토끼의 형태는 외부의 토끼와 모양이 같다.

일반적으로 고건축에서 지붕에서 내려오는 荷重을 분산시키는 것이 기둥이지만 중간에 보이는 화반은 조각을 역할도 하지만, 창방을 잡아 주는 역할도 하는 것이다. 그런데 여기서 화반의 모양이 일반적인 모양인 아닌 토끼의 모양이니, 화반이라 칭하지 말고 兎盤이라 불러도 큰 문제는 없을 것으로 생각된다. 만드는 사람의 상상에 따라 이름이 변하는 것도 현실이니 하나의 창작으로 생각해야 할 것으로 보인다.

화반이 있는 고 건축물을 찾아다니다 보면 생각하지도 않은 모양을 보

---

12) 화반은 고건축에서 공포대의 주간을 구성하는 부재로 주로 주심포식 공포와 익공식 짜임에서 사용한다.
13) 창방은 기둥과 기둥의 위에 가로질러 화반이나 공포 따위를 받치는 굵은 나무.

게 되는데, 운서정에서도 화반이 다르게 표현된 것으로 보았으니, 이것이 답사의 묘미이고, 발품의 흔적이라 생각이 든다.

그림 72. 운서정 정면 토끼

운서정 누각 좌우에 토끼 외에도 한 마리가 더 있는데 운서정 들어오는 솟을삼문에 있어 밖에서는 보이지 않지만 삼문 안으로 들어와서 보면 한 마리 토끼가 숨은 듯이 있다. 여기의 토끼는 화반 형태가 아니고, 창방과 보 사이에 있으며, 三門이 작은 형태라 토끼 또한 작게 표현되었다. 총 다섯 마리의 토끼가 조각되었는데, 누각에 많은 토끼가 배치되어 있는 것은 국내 유일이 아닌가 하는 생각도 들고 다른 곳에서 보이지 않는 특별한 누각으로 보인다.

토끼는 12간지 중 4번째 동물로 동작이 민첩하고 경계심이 강한 편이고 두뇌 회전이 빠르다고 한다. 다르게 생각하면 힘없는 민중으로 매의 먹잇감이나 쫓기는 신세로 나타날 때도 있지만 반대로 『별주부전』 등에서는 재치로 권력을 골탕 먹이는 지혜를 상징하기도 한다.

여기에 토끼가 많은 것은 부부애와 가정의 화목을 상징하고, 조선시대의 사상인 유교의 여덟 가지 덕목인 '孝弟忠信禮義廉恥'를 형상화한 文字圖에 나타나듯이 廉恥를 뜻하는 마지막 글자 恥에는 꼭 토끼가 등장하기에, 후손들이 염치의 정신이 오래 이어지길 바라며, 다산과 장수의 상징이었던 토끼를 그려 넣은 것으로 풀이된다고 생각된다.

그림 73. 청자 투각 칠보문 뚜껑 향로 – 국립중앙박물관 소장

앞의 사진과 같이 토끼는 고려 시대의 청자에도 보이고 있는데, 국립중앙박물관에 소장 중인 청자 투각 칠보문 뚜껑 향로에는 칠보문을 투각 기

법으로 새겨 넣은 청자로 된 香爐 받침에 토끼 세 마리가 있다.

> "향로의 받침은 지름이 큰 원반형으로 뚜껑의 받침과 크기만 다
> 를 뿐 형태와 꽃모양의 장식을 유사하게 만들어 통일성과 안정
> 성을 확보하였다. 상단에는 몸체 하단의 잎과 연결되어 향로를
> 받치고 있으며 하단에는 세 마리의 토끼를 배치하여 향로를 떠
> 받치고 있는 모습을 표현하였다. 크기는 작지만 토끼의 귀나 얼
> 굴, 몸체 등이 사실적으로 조각되어 상형청자의 진수를 보여 준
> 다. 토끼는 불교 本生談 설화와 관련이 있어 불교 용구인 향로를
> 이루는 한 축으로 몸체의 연판문과 조화를 이룬다."[14]

몇 번이고 국립중앙박물관을 갔지만 고려시대 청자에 있는 토끼를 보
지 못하였는데, 우연히 신문 기사를 접하여 부랴부랴 서울로 가서 보게
온 것이다. 우리가 아는 받침에는 거북이 모양을 한 龜趺가 일반적인데
여기서 토끼가 있는 불교적인 행사와 설화와의 만남으로 생각되고, 토끼
가 받치고 있는 청자의 하단이 둥글어서 하늘에 있는 달을 상징하기에 달
과 연관된 전설이 있는 옥토끼를 받침으로 사용하게 되었다고 해석된다.

토끼가 보이는 곳은 여러 곳이지만 그중에 祠堂 내삼문에도 있다. 토끼
는 만물의 성장, 번창, 풍요를 뜻을 가졌지만, 祠堂에서는 토끼는 어떤 의
미가 있는지 많은 생각을 하여 보았다. 토끼는 앞발이 가지런히 모아 있
고 무엇을 잡은 형태이지만, 앞발에는 아무런 표식이 없다.

---

14) 한국민족문화대백과 사전에서 인용하였다.

그림 74. 삼계사 토끼 1

그림 75. 임실 삼계사 토끼 2

필자의 해석은 원반은 태양으로 보았고, 좌우의 토끼는 달(月)로 생각하였다. 중앙이 神門이 이어서, 태양과 달은 낮과 밤을 뜻하기에, 우주의 원리의 여기에 담았다고 생각하여 본다. 맞다, 아니다 하겠지만 여러 가지로 해석을 해야 한다고 본다. 또 다른 한편으로는 가운데 보이는 원반이 토끼가 만들고 있는 불사약으로 보아야 할 것으로 생각된다.

필자가 찾은 대부분의 옥토끼 문양은 토끼가 방아를 들고 절구질을 하고 있는 모양인데, 여기는 토끼의 손에 절구나 공이가 보이지 않아서 그리 생각한다. 옥토끼가 선단을 다 만들어 놓고 서로 바라보는 모양으로 생각으로 해석을 하였다. 이와 같이 삼계사의 토끼가 있는 이유를 두 가지로 해석하였는데. 다른 의견이 있을 것으로 생각된다.

상량문에는 4325년이라 되어 있어 현대에 토끼를 표현하였다는 것을 알 수 있는데, 가장 최근에 것으로 추정된다. 오래된 전설은 우리의 삶이나 생활 속에 남아 있기에, 토끼를 표현한 것으로 보이고, 하얀 토끼는 답

그림 76. 귀부에 새겨진 토끼 1

그림 77. 귀부에 새겨진 토끼 2

사를 하면서 대부분 보면 돌에 새긴 것이 많아, 토끼의 느낌이 덜 하지만 여기는 그런 부분에서는 제대로 된 옥토끼로 생각된다.

전국에 토끼를 표현한 곳이 많지만, 귀부[15]에 토끼의 표현도 있다. 토끼가 龜趺의 등에 있지 않고 왼편 기단 부분에 있어 잘 보이지는 않지만, 여러 문양과 함께 있다. 전국에 많은 비석 받침이 남아 있지만, 그중에 토끼를 표현한 것은 유일한 것으로, 생각되고, 또한 자세히 보지 않으면 그냥 지나칠 수 있는 위치에 있다.

거북이의 등을 타고 용궁으로 가야 할 토끼가 숨어 있는 듯한 느낌이 든다. 용궁에 가면 용왕을 위해 간을 빼앗기기에 귀부의 아래에 숨어 있는 것 같다.

---

15) 귀부에 보이는 토끼는 현풍에 계시는 박상봉 씨의 소유로 전화를 하여 책에 싣는 것을 허락받았다.

독특하고 재미있는 문화유산 이야기 中

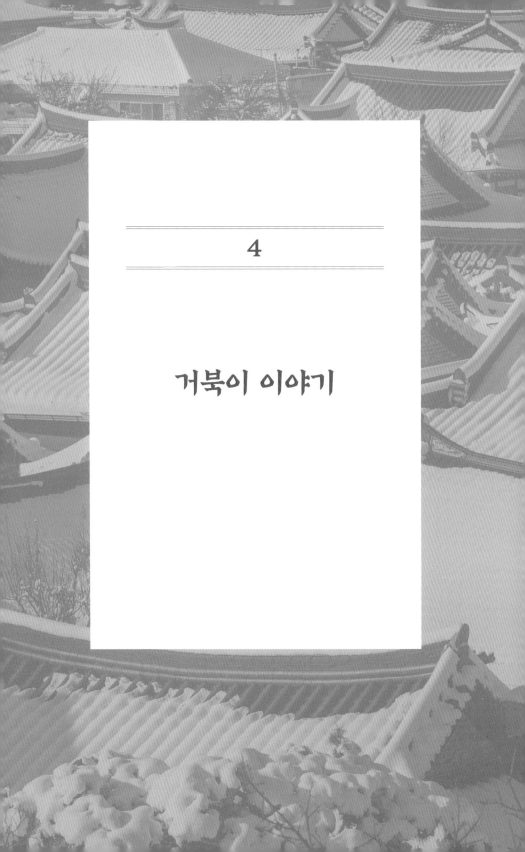

4

거북이 이야기

"거북은 오래 산다는 의미에서 용이나 봉황과 함께 상서로운 동물로서 인식되었다. 그리하여 집을 짓고 상량(上樑)할 때 대들보에 '하룡(河龍)'·'해귀(海龜)'라는 문자를 써넣었다. 또 귀뉴(龜紐)라 하여 손잡이 부분에 거북의 모양을 새긴 인장을 사용하였고, 귀부(龜趺)라 하여 거북 모양으로 만든 비석의 받침돌도 사용되었다. 또한 동작이 느린 동물로서 많은 이야기의 소재가 되기도 하였다.

『삼국유사』 가락국기에는 「구지가(龜旨歌)」라는 노래가 한역되어 수록되어 있는데, 여기서 거북은 가락국의 시조인 수로왕(首露王)을 드러내게 하는 동물로 등장한다. 또한 『삼국유사』 수로부인조(水路夫人條)에도 「해가사(海歌詞)」라는 노래가 들어 있는데, 이 노래에도 거북은 바다로 납치된 수로부인을 나오도록 하는 동물로 나타난다. 이런 점에서 거북은 수신(水神)이나 주술매체 동물로서 고대 우리 민족에게 인식된 듯하다.

옛날 중국의 하(夏)나라의 우(禹)임금이 치수를 할 때 낙수(洛水)에서 나온 거북의 등에 마흔다섯 점의 글씨가 있었다고 하며, 이것이 '낙서(洛書)'라고 하는 바 '하도(河圖)'와 함께 『주역』의 근본이 되었다는 것이다. 또한 중국의 초기문자인 갑골문(甲骨文)도 거북의 등에 기록된 것이며, 점을 칠 때 쓰였던 복사(卜辭)였다. 오늘날에도 '거북점'이라는 것이 있어 귀갑을 불에 태워서 그 갈 라지는 금을 보고 길흉을 판단한다. 이처럼 거북은 신령스러운 동물로서 우리나라뿐만 아니라 동양 일대에서 신성시하던 동물 이었다.

거북에 관한 설화는 『삼국사기』열전 김유신조(金庾信條)에 '귀토 지설(龜兎之說)'이란 우화가 인용되어 있다. 이 설화에서 거북은 동해용왕 딸의 병을 고치기 위하여 토끼의 간을 얻으려고 육지 에 나와 토끼를 업고 바다로 가다가 간을 두고 왔다는 토끼의 말 에 속아 다시 토끼를 놓아주는 우둔한 동물로 나타난다. 또한 세 간에 널리 알려진 '토끼와 거북의 경주' 설화에서는 거북이 비록 느리기는 하지만 매우 끈기가 있는 동물로 등장하고 있다."[16]

앞과 같은 거북이의 이야기는 여러 곳에서 나타내고 있으며 전국 곳곳 에 보이는 것이 특징이다. 비석의 받침, 물을 담는 통의 모양도 거북이, 화 약을 담는 통도 거북 모양이다. 이러한 것을 토끼와 같이 있는 것도 있으 며, 목조 건물에도 나타나기에 필자가 사진 촬영한 것만 소개한다. 더 많 은 거북이의 표현은 보이기에 그중에 특징이 있는 것이라 생각이 드는 것 만 사진 촬영하여 글을 쓴 것이다.

---

16) 한국민족문화백과사전에서 발췌하였다.

그림 78. 합천 호연정 거북이 1

독특하고 재미있는 문화유산 이야기 中

그림 79. 합천 호연정 거북이 2

합천 호연정은 정자의 부재를 단청을 하지 않고 나무의 껍데기만 벗겨서, 속살이 보이고, 아름다운 나무 무늬가 보이는 구조로 되어 있다. 나무 부재 중에 충량(衝樑)을 자세히 보면, 조그마한 거북이가 매달려 있다. 합천 호연정은 몇 번을 갔는데 호연정 정자 전체만 사진 촬영을 하였지만, 거북이 사진이 보이지 않아 시간을 내어 내부를 재촬영하였다.

일반적으로 거북이의 표현은 비석의 받침으로 많이 사용되고, 땅이나 물 위에 있는 것이지만 여기서는 충량(衝樑) 아래에 매달려 있는 느낌이 든다.

그림 80. 우리옛돌박물관 거북이

서울에 있는 우리옛돌박물관에는 많은 석물이 있으며 그중에 거북이의 표현은 많지만 하나만 선택하여 글을 쓴다.

물을 담는 水槽의 측면 부분에 보이는 거북으로 고개를 돌려서 헤엄치는 느낌이 드는 모습이다. 전체적인 모습은 얼굴을 크게 몸은 작게 표현하여, 측면 네모에 맞게 만들어졌으며, 거북의 등에 보이는 육각의 귀갑문이 뚜렷하고 손발은 크게 표현하였다.

거북이의 표현은 팔작지붕에서 나타나는 박공[17]에 지네철 대신에 거북이를 만들어 놓은 경우도 있다. 이러한 것은 현대의 작품이지만 비나 바람이 불면 지붕이 작은 합각지붕 아래에 비가 영향을 많이 줄 것이므로 물과 관련이 있는 거북이를 만들어 놓은 것으로 생각된다.

그림 81. 나주 심향사 박공에 보이는 거북이

박공지붕 아래에는 좌우로 대각선의 부재가 있고 懸魚[18]라는 부재로 좌우의 박공의 틈이 보이지 않게 하지만 조선 후기 대부분은 지네철[19]로 하였다. 그런데 나주 심향사는 그렇게 하지 않고 거북이로 지네철 대신 표

---

17) 맞배지붕의 측면에 人자형으로 붙인 건축 부재(部材). 박공·박풍.
18) 맞배지붕이나 팔작지붕의 합각 부분에 있는 박공판(搏栱板 : ∧모양으로 붙인 두꺼운 널판) 위쪽 밑부분에 달아 놓는 장식물.
19) 두 쪽의 박공을 연결하여 고정시키기 위해 서로 맞닿는 곳에 박는 꺾쇠 모양의 철물.

현하였다. 박공 사이는 틈이 있고 집의 하중으로 인해 벌어지는 현상을 막기 위한 것도 있고, 틈이 안 보이게 하는 역할도 하는 것이 지네철의 역할이다.

박공 부분에 보이는 현어의 표현은 합각 아래에서만 보이는 것이 특징이고, 특히 우리나라보다 중국에서 많이 보이는 현상이다. 우리나라 오래된 고건축에서는 아직 보이지 않지만, 현대 지어진 한옥에서는 가끔 보이고 있다.

그림 82. 함안 오비각 거북이 1

그림 83. 함안 오비각 거북이 2

독특하고 재미있는 문화유산 이야기 中

거북이의 표현은 정려각에도 보인다. 함안 오비각은 전체적으로 화려한데, 그중에 포를 받치고 있는 해학적인 거북이의 모습이 특히 이채롭다. 거북이는 4방향으로 표현되었으며, 다양하게 표현되고 해학적인 거북이는 오비각을 장식하는 모든 것 중에서 백미로 생각한다.

함안군 산인면 운곡리에 위치한 오비각(五備閣)은 독촌공(獨村公) 조종영(趙宗榮)의 효행을 널리 알리기 위하여 세운 정려각(旌閭閣)이다.

> "조종영은 조선 단종(1452~1455) 때 생육신의 한 분인 어계조려(漁溪趙旅) 선생의 후손으로 학문과 행실이 두터웠으며, 효성이 지극하여 부모가 살아 계실 때는 물론이고 돌아가신 후에도 변함이 없었다고 전해져 온다.
> 효행이 널리 알려져 고종 29년(1892)에 '효감유허비(孝感遺墟碑)'를 세웠으며, 광무 9년(1905)에 조정의 명령을 받아 정려각을 세웠다."[20]

규모는 앞면·옆면 모두 1칸이며, 지붕은 옆에서 볼 때 여덟 팔 자 모양인 팔작지붕이다. 지붕 처마를 받치기 위해 장식하여 만든 공포는 기둥 위와 기둥 사이에도 설치한 다포(多包) 양식인데, 거북이·연꽃 모양 등 여러 장식이 있어 화려한 형태를 가지고 있다.

오비각을 지키는 동물로 거북이를 선택하였는지는 알 수 없지만, 4방향으로 거북이[21]가 표현되어 있다. 귀갑은 옅은 청색에 반점이 보이는 몸

---

20) 문화재청 홈페이지에서 발췌하였다.
21) 4방향의 거북이가 있지만 2마리만 작업을 하였다.

통과 발은 황색으로 표현하였다. 하얀 이빨은 웃는 것인지 아니면 인상을 쓰는 것인지 알 수 없는 표정과 사람의 치아와 같은 형태는 더욱 눈길이 가게 되어 있다. 전국의 많은 정려가 보이지만, 함양의 기효각[22]보다는 작고 더 화려하지는 않지만, 아담하면서도 화려함이 넘치는 정려각이다.

　여기는 앞에 논이고 뒤에는 공간이 없는 언덕이고 대로변이라 차를 주차하기가 곤란하였지만, 독특한 것을 보려는 마음이 앞서 승용차는 저 멀리 주차하고 걸어와서 보고 왔으며, 먼 걸음을 하여 보고 온 보람이 있는 정려각이었다.

그림 84. 경주시청 거북이 정면

---

22) 『독특하고 재미있는 문화유산 이야기 上』에 자세히 소개되어 있다.

경주시청에는 재미있게 돌로 만든 거북이가 있으며, 다른 거북과 달리 목을 쭈욱 빼서 하늘을 바라보고 있다. 그리고 귀갑 向 오른편에는 개구리 2마리가 있다. 개구리와 거북이의 조합은 이채로운데 莊子의 『秋水추수』편에 그에 대한 이야기가 전해 온다.

"동해의 거북에게 우물 안 개구리가 우물을 자랑하자, 거북은 바다의 크고 넓음을 이야기 해준다. 이를 들은 개구리는 크게 놀라서 정신을 잃는다.

모든 인간에게는 자신이 경험하고 배운 것에 명백한 한계가 있지만 그러한 경험과 지식에 집착하기 쉽기 때문에 주의하라는 의미로 이 고사가 생겨났다. 이 고사는 이런 한계에서 벗어나고자 자신이 속한 시간과 공간에서 벗어나 생각할 줄 알아야 하며, 자신이 알고 있는 지식이 전부라는 고정관념을 버리고 타인의 가치관과 경험 등을 이해하는 상대주의적 관점을 가져야 한다고 주장하고 있다. 표본조사의 원인이기도 하다.

비슷한 의미를 가진 말로 '좌정관천(坐井觀天)'이 있는데, 우물 안에서 하늘을 바라본다는 이야기이다.

중국 문학자 한유의 논문집 '원도'에서 나오는 이야기이고, '우물 안 개구리'라는 속담을 사자성어로 쓸 때 '정중지와(井中之蛙)'와 '정저지와(井底之蛙)'와 함께 '좌정관천'도 쓰인다. 정약용은 열집 남짓 사는 시골에서 통소 좀 분다고 이름나도 서울기생방 일급 연주자 앞에선 고개도 못드는 수준이며, 잘 모르는 것들이 조잡한 운구로 스스로를 도연명이나 사령운에 빗대고, 어설픈 글로

왕희지나 왕헌지에 빗댄다고 했다.

실제 유래는 개구리가 아닌 맹꽁이일 가능성이 높다."[23]

그러나 다른 해석도 있다.

"거북이는 물과 육지를 다닐 수 있는 동물로 생명의 탄생을 뜻하
며, 다른 해석으로는 장륙귀(藏六龜)라 하여, 4족(足)과 머리, 꼬
리를 숨기는 거북이처럼 안(眼), 이(耳), 비(鼻), 설(舌), 신(身), 의(意)
의 6식(識)을 단속하는 불교의 수행자를 뜻하는데, 보통 속세를
떠나 은둔하는 것을 말한다."[24]

다만 이러한 조합이 왜 만들었는지 알 수 없는 것이고, 어디서 왔는지도
알 수 없는 것이 지금의 현실이다. 개구리는 알을 많이 낳기에 다산을 의
미할 수 있다고 볼 수 있으며, 개구리와 거북이의 조합은 여러 가지 해석
이 亂舞하기에 이만 줄인다.

---

23) 나무위키에서 발췌하였다.
24) 다음백과사전에서 발췌하였다.

독특하고 재미있는 문화유산 이야기 中

그림 85. 경주시청 거북이 등판의 개구리

　남원 광한루에는 토끼가 거북이 등을 타고 용궁으로 가는 모습도 있지만, 기둥에서 땅으로 내려오는 거북도 있다. 화려한 모습이 보이는데 기둥에서 엉금엉금 내려오는 모습은 일반적인 거북이 아닌 아주 신령스러운 느낌이 든다. 이 거북이 왜 저기에 있을까 생각하기보다는 광한루를 아름답게 장식하는 것으로 생각되는데, 필자만의 생각이 아니기를 바란다.

　청색의 귀갑을 두르고 내려오는 것은 가까이에 있는 물을 찾기 위한 것으로 생각되지만, 광한루는 神仙이 머무는 곳이다. 그곳의 거북이는 신령스러운 것이다. 물이 없어도 살 수 있을 것이다. 아니면 물 가까이에 있는

그림 86. 남원 광한루 거북이

돌 거북을 빨리 만나러 가고 싶어서 기둥을 타고 내려오는 것인지 상상은 자유롭다.

장식성과 아름다움이 조화를 이루고, 거북이의 戀愛史(연애사)이든 누구의 상상이 이 거북이에 관한 이야기를 잘 표현하느냐에 따라, 푸른 껍질의 거북은 재미있는 이야기가 쏟아져 나올 것으로 생각된다.

그림 87. 불곡사 일주문 거북

거북이의 표현은 사찰의 일주문에도 있다. 창원 불곡사 일주문은 재미있는 조각이 많이 있는데 그중에 호랑이의 조각은 귀엽고 깜찍하게 조성되었다. 불곡사 일주문은 객사의 문이었다고 하며 그 내력 다음과 같다.

"원래 창원 객사문(客舍門)이었다고 하나 확실하지 않고, 웅천향교(熊川鄕校)에 있던 것을 1943년 우담화상(雨潭和尙)이 이곳으로 옮겼다고 한다.

기둥 위의 공포(栱包)는 4출목(四出目)의 복잡한 포작(包作)으로 짜여져 있고 조각도 매우 화려한 다포계양식(多包系樣式)의 맞배집이다. 용두(龍頭), 쇠서[牛舌]와 쇠서 아래 위의 연꽃 등의 조각 솜씨로 보아 조선 말기의 건축물로 추정된다. 1977년 해체, 복원하였다."[25]

그림 88. 창원 불곡사 거북이 앞쪽

25) 한국민족문화대백과사전에서 발췌하였다.

그림 89. 창원 불곡사 거북이 뒤쪽

불곡사 일주문은 맞배지붕과 풍판은 하단부가 호형으로 되어 있고, 처마는 서까래가 부연으로 되어 있는 겹처마 형식이다. 다른 일주문과 달리 호랑이, 용, 거북이가 조성되어 있어 다른 일주문과 많은 차이가 있다.

불곡사 일주문 向 우측에 두 마리의 거북이가 있으며, 얼굴은 용으로 되어 있어, 神龜(신구)로 보는 시각도 있다. 많은 일주문이 전국에 남아 있지만, 조각이 아름답고 해학적인 요소가 있는 것은 창원 불곡사 일주문이 유일한 것으로 생각된다. 거북이는 앞뒤를 바라보고 있는데, 호랑이, 龍이 조각된 것은 풍수적으로 비보의 목적으로 이 조성한 것으로 추정되지만 정확히는 알 수 없다.

거북이를 표현한 곳은 울산 신흥사 舊 대웅전의 천장에도 있다. 지금은 대웅전이 아니고 應眞殿으로 이름이 바뀌었고, 내부도 나한상이 자리 잡고 있다.

응진전 천정을 보면 불교에서 말하는 연화장 세계를 표현한 것으로 해석되는데, 연화장이라는 것은 중생의 입장에서 해석한 것으로, 향수의 바다는 곧 여래장식(如來藏識)이며, 또 법성해(法性海)라고 보았다. 여기서 향수의 바다이기에 거북이 표현이 있지 않나 추정하여 본다.

회오리 모양은 풍륜으로 생각되며, 풍륜에 대해서는 망상(妄想)의 바람으로 보거나 무주(無住)의 근본이 바람이므로 풍륜 위에 있다고 하였다.

신흥사 응진전 내부 천장은 자세히 쳐다보면 화려하고 장식적인 강하고, 윗부분은 우물반자로 되어 있고, 어칸을 중심으로 반자 면이 비스듬히

그림 90. 울산 신흥사 거북이 1

그림 91. 울산 신흥사 거북이 2

구성되어 상승감을 더욱 돋보이게 되어 있다. 특이하거나 다른 곳에서 보이지 않게 구성되었다.

그림 92. 남원 대복사 칠성각 거북이 정면 우측

그림 93. 남원 대복사 칠성각 거북이 정면 좌측

독특하고 재미있는 문화유산 이야기 中

불상 위로는 龍이 하늘로 올라가는 장면이 이어져 있어 생동감이 넘치며, 연화단청의 형식이 다양하고 화려한 것이 가장 특징이다. 한없는 성덕(性德)을 갖춘 정인(正因)의 꽃이 연꽃이므로 이렇게 함장되어 있는 것이 연화장 세계라고 하였다.

거북이를 표현한 곳은 사찰의 칠성각에도 보인다. 전북 남원 대복사 칠성각은 정면 1칸 측면 1칸의 자그마한 건물로 지붕은 팔작지붕이며 사면의 윗부분인 柱枓(주두)[26]에는 거북이를 조각하였다. 거북이의 위치가 일반적인 사람의 키보다 높게 있어 사진 촬영하는 데 많은 애로 사항이 있었다.

거북이는 고개를 위로 들고 있어 도도한 모습이지만 멀리서만 잘 보이고 가까이에서는 정면을 보기 어렵다. 칠성각에 뜬금없이 거북이 조각이라 하겠지만 표현이 있다는 의미는 상징성도 있을 것이고 다른 곳에서는 없기에 차별적이 면도 있다고 생각이 든다.

또 다른 의미를 군이 찾으면, 칠성각은 수명을 관장하는 별(星)을 신격화하여 만든 건물이고, 거북이는 물에서 육지로 올라오는 것이기에, 생명의 탄생을 의미로 생각하면 칠성각에 거북이가 있다는 것은 무리가 아닌 것으로 풀이된다.

충주 미륵사지에 있는 거북은 길이 605cm, 높이 180cm로 국내 최대의 거북 조각품이다. 거북 등껍질에 보이는 귀갑문은 보이지 않으며, 좌측 어깨 부분에 작은 거북 2마리가 올라가는 모양이 양각되어 있어, 재미있게 표현되었다. 만약에 이 거북이가 비석을 세우는 받침이었으면, 작례에

---

26) 안초공으로 보는 시각도 있다.

그림 94. 충주 미륵사지 거북

포함하지 않으려 하였는데, 발굴 조사에서 碑가 발견되지 않았다고 한다.

하나의 돌에 단순하게 조각을 하였으며, 얼굴과 몸통만이 잘 보이기에 아름다운 거북이라 말할 수 없지만, 육중한 몸매를 자랑하기에, 사람으로 생각하면 남성미를 나타낸다고 생각되는 거북이다.

앞발과 뒷발은 표현은 보이지 않아 미완성으로 보는 시각도 존재하는데, 여기가 미륵 성지이기에 미래의 미륵보살이 성불하여 용화수 아래에서 널리 중생을 구제할 때 이 거북이도 완성된 몸으로 변하여, 우리 앞에 나타날 것으로 생각된다. 하루빨리 미륵보살도 우리 앞에 나타나고, 커다란 거북이도 완전체가 되어 우리 앞에 나타나기를 기대하여 본다.

거북이는 죽은 者의 묘에도 표현되어 있다. 영천에 있는 권응수 장군의 묘는 봉분이 거북의 모양으로 되어 있다. 권응수 장군의 묘의 정면은 문인석, 망주석, 동자석 등 기본적인 구성으로 되어 있으나, 봉분을 보면 앞은 3단의 둘레석이 거북의 뒷모습을 표현한 것으로 보인다.

그림 95. 권응수 장군 묘 정면

그림 96. 권응수 장군 묘 측면

　능은 정면에서 보면 둘레석이 3단인데 좌우로 돌아가면 2단으로 줄어들면서 커다란 거북 모양을 하였다. 능의 뒷부분 끝에는 거북의 입[27]을 표현하고 있다.

　생각하면 거북 모양이 정면이 아니고 반대로 산으로 올라가는 형상을

---

27) 머리가 입이 아니고 꼬리로 보는 견해도 있다.

하는 것은 무엇인가 곰곰이 생각하니 무덤 아래에 저수지가 있다. 그것은 물에서 산으로 올라가는 형상을 한 형태이인데, 거북이는 물과 땅에서 움직일 수 있는 동물로 토끼를 용왕에게 인도하는 것처럼 使者, 생명의 탄생을 상징하는 것처럼 표현하는 것으로 알려져 있기에 그러한 것이 무덤의 형상에 나타난 것으로 생각한다.

그림 97. 상주 권달수 묘 1

그림 98. 상주 권달수 묘 2

경북 상주에 조선 초기의 인물인 권달수 묘에 보이는 거북이의 형상의 봉분 앞에 머리를 내밀고 있다. 봉분 앞에 상석 아래에 넓은 자연석이 있으며 그 아래에 자연석과 잇대어 거북이 모양의 돌을 땅속에 박아 놓았다.

멀리서 보면 그 모양이 묘지와 자연스럽게 어울리며, 봉분이 거북이의 등으로 보여, 마치 산에서 내려오는 형상으로 나타난다. 이러한 것은 봉분 뒤 10m 즈음이 거북이가 알을 낳은 장소라는 의미가 있어, 생명의 탄생을 의미하는 것으로 해석된다.

그림 99. 관찰사 김상휴 선정비 뒷면

선정불망비는 碑의 주인공이나 頌詩, 세운 시기도 중요하지만, 碑 뒷면에 보이는 문양도 특이한 것이 보이는 경우가 많다. 그중에 김상휴 관찰사 碑에는 거북이 보이는데 碑 화면 전체를 가득 채우게 표현되었는데, 거북이를 조사하고 있는 필자로서는 아주 기분이 좋았다.

龍紋이나 花紋이 많은 碑 뒷면에 거북이가 나타나니 새로운 것은 보는 느낌이 많이 들었다. 여기에 거북이의 표현은 필자의 생각으로는 장식성이 강한 것으로 생각된다.

　마지막으로 장성 백양사 소요대사 부도, 청도 대적사와 여수 흥국사에 보이는 거북이는 널리 알려져 있어, 소개는 하지 않는다. 전국에 많은 곳에 거북이의 표현이 있다고 생각이 들지만, 필자가 생각하고, 사진 촬영한 자료만 올리는 것이기에 여기서 거북이 이야기는 끝낸다.

독특하고 재미있는 문화유산 이야기 中

5

재미있는 문인석의
표현

문인석은 亡者의 무덤을 장식하는 석물로 기본적인 모습은 손에 笏을 들고 문관의 복장을 한 것인데, 그중에는 일반적인 표현이 아닌 모습을 보여 주는 것이 있어 나열하여 본다.

(1) 귀걸이를 한 문인석

그림 100. 창녕박물관 야외 전시장에 있는 귀걸이를 한 문인석

창녕박물관 야외전시장[28]에는 석물들이 있지만, 필자의 눈에 들어오는 것은 1m 10cm 전후의 문인석이었다. 오른 귀 아래로 장신구를 장식하였다. 자세히 보면 물고기 모양처럼 보일 때도 있지만 귀걸이로 보인다. 좌측 귀에도 귀걸이가 있을 것으로 생각되지만 마모로 인해 알 수 없다.

귀걸이 문화는 한반도에서는 오래된 전통인데, 우리나라 고분을 발굴하면 귀걸이가 많이 보인다. 금으로 된 것과 옥으로 된 것 화려한 귀걸이

---

28) 그림 100에 보이는 문인석은 창녕박물관에 2022년 12월 28일나 통화를 하여, 출처 표시 조건으로 사용 허가를 받았다.

가 많다. 국내 곳곳의 박물관에는 화려한 귀걸이의 전시장이다. 특히 신라시대의 귀걸이는 깨친 者만이 할 수 있는 것인데, 그 전통이 고려와 조선으로 이어졌다.

부산 동아대 박물관에 소장된 傳 이순신 장군 초상화에는 귀걸이를 한 것이 보인다. 조선에서는 남자의 귀걸이는 신분과 권위의 상징으로 많은 조선 사대부들이 한 것으로 안다. 물론 궁중에서도 유행하였다. 중국 사람들이 조선인과 구별을 귀걸이로 할 정도로 조선 중기까지는 크게 유행하였다.

이러한 내용은 조선시대의 책인『청구야담』에도 조선인을 구별하는 방법이 귀걸이라는 것이 보일 정도이니 귀걸이 장식은 현대보다 더 많이 유행했을 것으로 생각된다.

하지만 明나라가 망하고 小中華 의식이 사대부들에게 많이 팽배해져 있을 때, 오랑캐들이 하는 것이라 하여 배척받아 귀걸이를 하는 남자들이 차츰 사라졌다. 다른 한편으로는 명나라 군대가 와서 임진왜란 시기에 도와주면서, 귀걸이 문화를 깔보아서 하지 않았나 하는 생각도 하여 본다.

어떻게 보면 明에 의해서 사라진 귀걸이 문화가 우리 고유의 전통이었는데 갑자가 사라져 버려 이상하지만, 북아시아 훈족과 선비족, 고구려 등 활기찬 기상을 가진 민족들이 즐긴 귀걸이 문화가 사라지면서 민족의 기상이 사라진 것이 아닐까 하는 생각이 든다.

그런데 의문이 드는 것은 그 많은 문인석 중에 지금까지 발견된 귀걸이를 한 문인석 하나뿐일까 하는 것인데, 전국에 많은 묘가 있고, 문인석이 있을 터인데 이제까지 많이 발견되지 않는 것도 이상한 일이라 생각이 든다. 창녕박물관 야외 전시장에 보이는 것은 하나뿐이지만, 문인석은 墓의 좌우에 놓는 것인데 문인석의 짝이 어디엔가 있을 것으로 보인다.

(2) 塔을 들고 있는 문인석

　탑이라는 것은 인도에서 발생한 것으로 스투파(率堵婆)라고 하며, 이를 의역(意譯)하여 방분(方墳) 또는 고현처(高顯處)라 부르기도 한다. 그러나 일반적으로는 탑이라고 부르는데 스투파는 고대 인도어인 범어(梵語)의 stupa의 소리를 한문으로 표기한 것이다. 문인석이 손에 들고 있는 것은 홀(笏)이라고 하여 나무, 상아 등의 재료로 만들어진다.

그림 101. 우리옛돌박물관 용인 수장고에 있는 탑을 들고 있는 문인석

笏을 들고 있는 문인석은 묘지 답사를 하다 보면 많이 보이지만, 다른 지물을 들고 있는 경우는 드물다. 다만 꽃을 들고 있거나 蓮峯[29]을 들고 있는 모양은 제법 보이고 있는데, 그 외의 모습이 보이지 않는다.

우리옛돌박물관 수장고에 있는 문인석은 탑을 들고 있는 모습이 보여, 여러 가지로 생각을 하게 만든다. 특히 조선의 양반들은 迷信이라 하여, 불교를 배척하였는데, 망자의 무덤에 탑을 들고 있는 모습의 문인석은 어떻게 풀어야 할지 난감할 정도이다.

필자의 생각은 문인석을 만든 양반가에 부처를 숭상하는 이가 있든가 아니면, 유교에서는 죽은 이에 대한 것은 마음의 표현은 제사뿐이니, 불교식으로 망자의 극락왕생을 기원하는 것으로 생각되지만, 어디까지나 필자만의 생각이다.

탑이라는 것은 무덤을 뜻한 것이라, 저 문인석에 망자의 이름을 새겨, 묘비로 하였는지 생각을 하여 보면, 들고 있는 탑에는 아무런 銘文이 없기에 단정을 짓지 못한다. 아무튼 여러 가지 상상은 누구나 할 수 있으니, 塔을 든 문인석을 보면서, 머릿속에 떠오른 생각이 답이라고 말할 수 있다.

세중옛돌박물관[30]은 울산에 먼 지역이라 당일로 보러 갔었다. 처음에는 많은 문인석이 있어 문인석 모양을 보았을 때 대부분 비슷하다고 생각하여 눈으로만 보고 다른 석물에 관심을 두었다. 그러나 재방문을 하였을 때 탑을 들고 있는 문인석을 보았을 때 생각은 어느 것이나 대충 보면 안 된다는 생각이 들었다.

---

29) 연봉의 모습은 철퇴로 보는 시각도 있다.
30) 우리옛돌박물관 옛 이름이다.

많은 묘지 답사를 하여 많은 문인석을 보았지만, 탑을 들고 있는 문인석의 작례는 추정하건데 국내 유일한 것으로 생각한다. 그러기에 잘 보존되기를 바라여 본다. 어떠한 것이라도 한 번 더 보면 남들과 달리 보이는 것이 있을 것으로 생각이 든다. 재미있고 특이한 문인석을 보려면 개방하지 않는 수장고가 아닌 누구라도 볼 수 있게 하였으면 한다.

(3) 물고기를 들고 있는 문인석

물고기 작례는 앞에서 다루었지만, 문인석에 물고기를 들고 있는 것은 여기에 글을 쓰려고 한다. 물고기는 多産의 상징이요, 장원급제의 상징이니, 그림, 조각, 고건축 등 여러 곳에서 보이는 것이다. 그중에 墓의 문인석에 물고기를 들고 있는 작례를 나열한다.

문인석의 형태는 크게 두 가지인데, 복두공복과 금관조복으로 나누어진다.

복두공복(선산유교문화진흥원)

금관조복(김굉필 묘)

독특하고 재미있는 문화유산 이야기 中

복두공복은 문무백관이 왕을 알현(謁見)하거나 나라의 큰 행사나 종묘사직(宗廟社稷)에 제사를 지낼 때 신하가 착용하던 관복의 일종이다. 조선 초, 중기에는 복두공복형의 문인석이 세워지다가, 중종대(1506~1544) 이후 조복에 대한 중요성이 강조되면서, 금관조복형(金冠朝服形)의 문인석이 주류를 이루었다.

문인석의 기원은 중국 漢나라 때 세우기 시작하였으며 처음에는 순장 풍습을 대신해 흙으로 만든 인형을 대신하였다. 그와 같이 석수, 문인석 등이 무덤을 수호하는 의미로 석물을 세웠다.

그림 102. 우리옛돌박물관 물고기를 들고 있고 있는 문인석

앞의 문인석은 한 쌍으로 되어 있는 것으로 '우리옛돌박물관' 야외 전시

장에 있으며, 문인석의 얼굴이나 복두는 형태는 희미하나, 물고기 마치 뛰어오르는 느낌이 들 정도로 힘찬 모습이고, 그 아래로 두 손으로 받치고 있다. 아니면 잉어기 높이 도약하도록 두 손으로 밀어 올리는 느낌도 든다. 문인석에 보이는 특이한 형태는 다른 곳보다 팔이 길어 물고기를 안고 있는 모습이 해학적으로 보인다.

그림 103. 부여 한국전통문화대학교 물고기를 든 문인석

부여 한국전통문화대학교[31] 정문에 있는 문인석으로 마주 보고 있는데, 양관조복을 하여, 시대는 조선 후기의 작품으로 추정된다. 서울 우리옛돌박물관의 문인석은 잉어가 黃河를 거슬러 등용문에 뛰어 오르는 느낌이

---

31) 부여 한국전통문화대학교 박물관 2022년 12월 29일 통화하여 문인석에 대한 사용 허가를 받고 출판하면 책을 주기로 하였다.

강하다면, 한국전통문화대학의 문인석은 笏 대신에 물고기를 잡고 있는 모습이다.

笏이라는 것은 옛 관리들이 朝服, 祭服, 公服에 소지하여 임금의 命이나 아뢸 것이 있으면 백필로 적어 두는 手板을 말하는데 여기서 물고기는 어떤 의미로 해석하느냐 하는 것이다. 망자의 무덤에 있는 것이라서 후손들이 장원 급제나 다산과 풍요롭게 살기를 희망하는 것으로 생각된다. 대부분 같은 생각 일지 모르지만, 다르게 해석할 수도 있을 것으로 보인다.

우리옛돌박물관이나 한국전통문화대학의 문인석은 물고기가 상징하는 의미를 두었다면, 꽃을 들고 있는 문인석도 있다. 우리옛돌박물관에도 있으며 상주 어느 묘에도 있어 문인석은 홀만 들고 있는 것이 아니라는 것을 보여 주는 표현으로 풀이된다.

다만 문인석의 형태인 홀이나 복두(幞頭), 금관조복이 아닌 것이어서 이것을 문인석으로 보아야 될지 의문이 드는 것은 사실이다. 墓에 가서 보니 기본적인 형태의 문인석은 보이지 않아서, 필자 나름대로 문인석이라 정하였다.

(4) 꽃을 들고 있는 문인석

그림 104. 상주 지역의 묘 꽃을 들고 있는 문인석

상주 어느 지역 묘에 있는 문인석은 모자는 챙이 거의 없는 형태이며, 전체적인 모습이 侍子石에 가깝게 묘사되어 있다. 필자가 보기에는 문인석과 시자석인을 적절히 섞여 만든 것으로 생각되나 정확하게 왜 이렇게 만들었는지 알 수 없다. 墓域에 망주석이나 다른 석물은 보이지 않고, 위와 같은 石人 2좌가 있어 문인석으로 본 것인데, 다른 형태로 생각되지만 떠오르는 것이 없어, 필자의 독자적인 생각으로 문인석으로 하였다.

꽃을 확대하여 보면 장미에 가까운데, 조선 시대는 사군자인 매화, 사군자를 중요시하는 사회라 장미로 보기에는 미약하고, 특히 연화화생의 상징인 연꽃으로 보는 것으로 타당하지 않나 하는 생각이 든다. 필자의 생각으로 피장자의 가문, 후손들의 불교관을 꽃을 든 문인석으로 표현한 게 아닌가 하는 생각도 하여 본다.

그림 105. 우리옛돌박물관 문인석

우리옛돌박물관에 꽃을 든 문인석이 2좌가 있는데, 두건 형식의 모자를 하였고, 코와 입은 표현한 것이 특징적으로 보이며, 안동에 있는 하회탈 같은 느낌이 든다. 얼굴 형태를 보아서는 무인석에 가깝게 느껴지지만, 시립하여 있는 모습과 양손을 가지런히 모으고 있는 모습은 문인석이라고 하여도 무방하다고 생각이 든다.

앞과 같이 비슷한 형태이지만 꽃은 들고 있지 않으나 두 손을 옷자락에

숨겨서 표현한 것은 강학손의 묘에서 보았는데 여성적이 느낌이 나는 것
도 비슷하였다.

전국에는 많은 묘가 있고 문인석이 많지만 탑을 들고 있는 것과, 물고
기, 꽃을 들고 있는 문인석은 많다고 생각하였으나, 필자가 전국으로 다
돌아다닌 것도 아니어서, 어디 묘소에도 있을 것으로 보인다.

문인석은 분류는 머리에 쓴 모자에 따라 시기를 달리하는데 문인석에
서 손에 쥐고 있는 홀의 변화는 크게 없었으나, 물고기나, 꽃을 들고 있는
것은 매우 희귀한 작례로 찾으면 더 있을 것으로 보이지만, 필자는 발견
한 것이 앞의 것이 전부이므로 모두가 우리의 것으로 생각하여 보존을 잘
하여야 할 것으로 생각된다.

그림 106. 양주 송질 선생 묘의 문인석

독특하고 재미있는 문화유산 이야기 中

경기도 양주에 있는 송질 선생의 묘의 문인석은 꽃을 들고 있는 모습이다. 처음에는 꽃이 아닌 것으로 보았으나, 자세히 보면 꽃봉오리가 보여, 꽃을 들고 있는 모습이 확인되었다.

문인석은 묘역 좌우에 있으며, 고개를 向 우측의 문인석은 왼편으로 돌렸고, 向 좌측의 문인석은 우측으로 고개를 돌려 표현되어 있다. 다른 곳은 문인석이 들고 있는 꽃은 피어 있는 것이지만 여기서는 아직 피지 않은 것이 보인다. 화산군 묘, 영춘군 묘에도 꽃을 둔 문인석이 있으나, 여기서는 언급하지 않는다.

문인석에서 꽃은 든 작례 중 蓮峯 모양을 하였지만, 세월이 흐르면서 원래의 모양이 마모가 되어서, 연봉인지 아니면 철퇴를 들었는지 구분이 되

그림 107. 초를 들고 있는 문인석 - 우리옛돌박물관

지 않은 문인석이 곳곳에 보이는데, 정확하게 연봉인지 철퇴인지 구분이
안 되어 소개하지 않는다.

　마지막으로 초를 들고 있는 문인석의 작례가 있다. 문인석이 손에 들고
있거나 쥐고 있는 것은 앞에서 나열하였듯이 홀(笏), 꽃, 물고기 등이지만
초를 들고 있는 문인석은 유일한 것으로 생각된다.

　망자의 무덤은 음택이고, 이승이 아닌 곳이라서 초를 들고 있는 것으로
해석되지만, 아직까지 뚜렷한 답은 없는 것으로 보인다.

독특하고 재미있는 문화유산 이야기 中

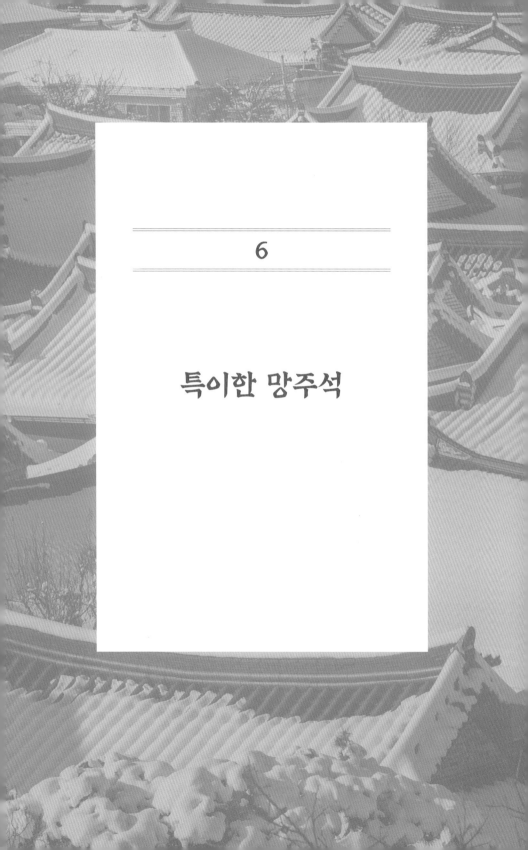

6

특이한 망주석

우리가 아는 망주석[32]의 원래 이름이 石望柱이다. 석망주는 중국식 표현으로 보이나 조선 초기에는 망주석과 石望柱라는 이름이 동시에 쓰이고 있었는데, 石望柱는 쓰이지 않고 망주석이라는 이름만 남아 있으며, 다른 명칭은 전죽석이라는 표현도 있다.

우리나라의 묘제는 중국 주나라 제도를 받아들여 한반도化 되었는데, 망주석의 용도에 대한 자세한 설명은 없는데, 이름 그대로 바라본다는 의미만 있는 것인지를 생각해 볼 일이다.

망주석의 細虎의 처음 명칭은 귀(耳)라 불렀고 그 이유는 망주석의 윗부분에 가늘게 구멍이 있어 실(絲)을 넣으면 통과되었다고 한다.

조선왕조실록에서 망주석의 기록을 찾아보면 다음과 같다.

세종실록의 망주석 기록[33]

「【석난간으로부터 석호에 이르는 상거(相去)가 4척 5촌이요, 석양과 석호의 상거는 11척이다.】남쪽에 세 뜰을 만드는데, 윗 뜰에는 동서에 먼저 지대석 각각 하나씩을 놓고, 망주석(望柱石) 각각 하나씩을 지대석 위에 세운다.【석호에서부터 망주석에 이르

32) 여기에 나열하는 망주석의 위치와 소장한 가문은 훼손 방지를 위하여 밝히지 아니한다.
33) 고전번역원db에서 발췌하였다.

독특하고 재미있는 문화유산 이야기 中

기의 상거가 9척 5촌이요, 동서 망주석의 상거는 37척이다.】또 망주석의 서쪽에 땅을 파고 잡석을 넣어 다지고, 소전(燒錢)하는 대석(臺石) 하나를 잡석 위에 설치한다."

앞의 설명대로 망주석은 묘역을 구성하는 요소로 되어 있어 대부분의 묘에는 망주석이 있는데, 東西나 아니면 좌우에 배치에 되어 있으며, 2좌가 보통이지만, 가평의 어느 무덤에는 4좌의 망주석이 있었으며, 그곳의 안내문에는 망주석이 4좌가 기본적으로 설치되는 것이 일반적이나, 재정적 부담으로 인해 2좌의 망주석 체계로 바뀐 것으로 보인다고 되어 있었다.

전국의 묘역을 다닌 것은 아니지만 많고 많은 망주석 중에 필자가 보기에 특이한 것이 몇 좌 보여서 여기에 나열한다.

우리나라 망주석 기원은 고려 공민왕릉부터이고, 공민왕릉의 망주석 모양은 명나라 주원장의 묘인 효릉 망주석과 닮았다는 것으로 알려졌으며, 이러한 공민왕릉의 망주석을 비롯한 왕릉의 석물 등이 조선 왕릉으로 이어져 왔고, 그와 비슷하게 사대부의 무덤 체계에도 영향을 준 것으로 해석된다.

망주석의 용도를 검색하여 보면 여러 가지 說이 난무하고 있지만. 모두가 답이 아니라는 것이 현재 學界의 설명이었다.

첫 번째로 경상도 어느 곳에 있는 망주석인데 아주 대형에 속하는 것이다. 이 망주석의 원래의 것은 도난당하여 복원한 것이다. 圓首에 보주가 연화문에 둘러싸여 있고, 雲頭와 簾衣(염의)는 조식되지 않았고, 柱身에는 꽃과 연주문이 망주석의 길이에 따라 아래로 길게 장식을 하였다. 마

그림 108. 망주석 1

치 보살의 장식을 한 瓔珞[34])과 같았다. 이 묘소에 답사를 갔을 때 후손을 뵈었는데 망주석을 도난당했다는 말씀을 하셔서 안타까운 생각이 많이 들었다.

망주석의 臺石은 팔각에 당초문으로 장식되어 있다. 이렇게 장식성이 뛰어나고 아름다운 망주석은 국내에서 유일한 것으로 평가되며, 一石으로 조성하기는 더욱 어려운 것이라 당대의 솜씨 있는 匠人이 한 것으로 생각된다.

---

34) 불교에서 보살들이 몸에 장식한 구슬 목걸이를 말한다.

　　　　독특하고 재미있는 문화유산 이야기 中

중국의 왕릉을 보면 망주석이 화려하고 대형이 많은데, 여기의 망주석도 중국의 것과 아름다움에 차이가 없다고 생각된다. 한반도에는 거의 보이지 않는 유형의 망주석이어서 보존을 잘하여야 될 것이지만 원래의 망주석을 찾아야 할 것으로 생각된다.

그림 109. 망주석 2 - 같은 묘역에 있는 비슷한 망주석

묘역에는 도난당한 망주석과 비슷한 것[35]이 남아 있지만 좌대에는 連板

---

35) 사진은 고령에 계시는 정이환 선생께서 제공해 주셨다.

紋을 하고 있어 조금 차이를 보이고 있다.

두 번째는 앞과 같이 화려한 것은 아니지만 거북이를 조각한 망주석이 있어 소개를 한다. 앞의 사진에 보이는 망주석은 화려한 문양도 눈길이 가지만, 거북이를 조각한 것은 처음 보는 것이다. 거북이가 생명의 탄생을 상징하여 곳곳에 보이는데 묘역 아래에 있는 조그마한 저수지에서 거북이가 올라와서 망주석에 앉았다는 재미있는 상상도 하게 만든다. 망주석이 있는 墓主의 사당과 선정비도 보았는데, 그중에 선정비도 특이하게 만들어져 있었다.

일반적으로 망주석에 나타나는 細虎나 귀갑의 조각은 작게 만들거나 가늘게 한

그림 110. 이정 墓 망주석 3

다. 여기의 망주석은 거북의 귀갑의 표현이 멀리서 잘 보이게 만들어져 있다. 여기는 망주석을 2좌를 세웠지만 하나의 것에만 조각된 것도 이례적인 것으로 생각된다. 이 망주석을 보러 갈 때 한참 공사 중이었는데 다시 가야 한다면서도 가지 못하는 것은 묘지 답사는 겨울이나, 뱀과 숲이 없는 계절에 가야 하는 어려움이 있어 가지 못하였다.

이정 선생의 묘역은 망주석뿐만 아니라 묘갈을 비롯한 묘역 내 석물들의 조각도 예술적인 가치를 가지고 있고, 중국의 망주석은 크고 화려하고 조각을 보면 입이 다물어지지 않을 정도로 아름답다고 생각되지만 이정

그림 111. 망주석에 보이는 거북이

선생의 묘역의 망주석은 화려하면서 단아한 멋이 있는 것으로 평가를 하고 싶다.

　세 번째 망주석은 문화유산 답사자들에게는 알려져 있는 것이지만 위치는 공개하지 않는다. 4좌의 망주석이 있으며 龍 문양이 어디에서 볼 수 없는 것이어서 더욱 눈길이 가며, 좌측 망주석은 경북 칠곡군 통정대부

그림 112. 망주석 4 - 2쌍의 망주석

형조참판을 지낸 분의 쌍분에 있었다고 하고, 우측의 망주석은 경북 칠곡군 교동 향교 뒤편에 있었던 가선대부 공조참판 지낸 분과 그의 정부인 묘소 앞에 있던 것이라 한다.

좌측의 것은 柱身에 龍을 조각을 하였는데 구름을 타고 승천 하는 형태를 취하고 있는데 1좌는 龍이 한 마리이고, 옆은 龍이 두 마리가 上下로 표현되어 있으며, 상부의 圓首는 柱身의 크기보다는 작게 표현되었다.

우측의 망주석은 柱身에는 아무런 문양이 없으며, 運角 자리에 龍이 또아리를 틀어 있으며, 그 위로는 連珠紋이 圓首 아래에 조각되었었는데, 좌측의 망주석보다는 오래되지 않았기에, 조각의 우수성이 조금 떨어지는 경향을 보이고 있다.

여기의 망주석은 4번이나 방문을 하였는데 갈 때마다 관리하시는 분이 친절하게 대해 주셔서, 답사자로서는 기분 좋은 답사지이다.

그림 113. 망주석 向 좌측

　독특하고 재미있는 문화유산 이야기 中

向 좌측의 망주석은 원수는 작으나 새겨진 龍이 비록 상상의 동물이지만, 사실적이고, 마치 살아 있는 듯한 느낌이 들 정도이다.

그림 114. 망주석 向 좌측 龍

화문형 구름 속에 용이 승천하는 모습은 아름다움을 넘어서는 것처럼 느껴지며, 꿈틀되는 龍은 마치 드릴(drill)이 철판이나 나무를 뚫는 것처럼 힘차게 보인다.

다른 표현은 아름다운 여인이 봉체조를 하면서 꽃가루가 날리는 망주석을 타고 올라가는 모습이 想像된다.

　당초문, 화문형 구름, 용문의 아름다움을 글로 다 표현 못 한 것이 아쉬
운데, 필자의 생각으로는 이렇게 아름답고, 화려하게 만들었다는 것은 망
주석에 彩色을 하였지 않았을까 하는 생각도 하여 본다.

그림 115. 망주석 向 우측

　向 우측의 망주석은 柱身에는 문양이 없고, 圓首 부근에 연주문과 龍文
이 자리 잡고 있다. 단순하지만 망주석의 문양은 드문 것이고 잘 만들어
진 것으로 평가된다.

　柱身 상부에 龍 문양을 새겼으며, 그 위로 둥그런 구슬 모양이 圓首를
감싸고 있는 형태이다. 龍이 똬리 틀고 있다가 때가 되면 승천을 하려고
준비하는 형태로 생각된다.

　圓首 주변을 둘러싼 구슬이 망주석 하나는 18개, 또 다른 하나는 19개이
라서 어떤 의미인지는 알 수 없지만, 망주석이 있는 자리가 6·25 동란 중

그림 116. 망주석 向 우측 龍

최대 격전지라 망주석에서 전쟁의 흔적이 보이지만, 난리통에도 온전한 형태를 유지하고 있다는 것이 놀랍다.

　망주석이 있는 이곳은 도난을 방지하기 위하여, 묘역에 옮겨 온 것인데, 앞으로 더 보전이 잘되기를 바라여 보는 것은, 문화유산은 잃어버리면, 찾기 힘들고 훼손이 되면 역사성은 사라지기 때문이다.

그림 117. 합천 망주석

네 번째 망주석[36]은 울산에서 제법 떨어진 곳에 있으며 옥토끼를 보러 갔다가 망주석을 보게 된 경우이다. 망주석은 2좌이지만 모습이 달라서 훼손되어 새로 세운 것으로 보인다. 그렇지만 2좌가 달라도 시대의 차이는 나지 않아 보인다.

사진에서 보듯이 向 왼편과 오른편의 망주석은 모양에서 차이를 보이는데, 어느 것이 오래되었는지 알 수 없다. 向 우측이 조금 더 잘 만들어졌고, 길이도 길었다. 망주석이 모양 다른 이유는 세운 망주석이 훼손되어 다시 만들었다고 추정되지만, 모양의 차이는 세대가 지나고 다른 匠人에게 맡긴 결과로 해석된다.

망주석의 보이는 龍은 지면에서 柱身까지만 조각되었고 龍의 표현은 섬세하지는 않지만, 柱身을 감고 오르는 모습은 용오름을 나타내고 있다.

---

36) 망주석은 전국에 많이 있지만 그중에 필자의 생각에 특이한 것만 소개하는 것이다.

그리고 龍의 얼굴은 만들 당시에는 신경을 써서 표현을 했겠지만, 300년이라는 시간은 돌에 만든 변화를 주게 마련이다.

앞서 소개한 망주석과 많은 차이를 보이는 것도 사실이지만, 그렇다고 폄하하는 것은 아니다. 만든 당시 후손들이 많은 財貨와 노력을 아끼지 않았을 것으로 생각되기 때문이다.

그림 118. 합천 향 우측 망주석의 龍

그림 119. 합천 향 좌측 망주석

　向 좌측 망주석은 우측의 망주석보다는 약간 작고 柱身이 굵으며, 용의 모습이 닳아서 제대로 보이지 않는다. 龍頭도 제대로 표현하지 않고 해학적인 모습만 보이고 圓首가 봉긋 솟아서 연봉을 표현하였지만 그 아래로는 柱身이 매끄럽지 못하게 되어 있다.

　다섯 번째 망주석은 진주 지수면에 있는 것으로 허씨 부부의 묘에 있는 것이다. 망주석이 다른 곳과 달리 부인의 묘를 화려하게 장식되었다고 생각한다. 부인의 망주석이 아름다움과 화려함이 드문 것으로 생각되었으나 실제로 가서 보니 시간이 많이 흘러서 처음의 모습은 아니지만, 만들 당시에는 아름다움이 더 했으리라 생각이 든다.

그림 120. 진주 망주석 向 우측   그림 121. 진주 망주석 向 좌측

다른 의견은 부인의 가계가 선대[37]에 조선 왕실과 혼인한 명문가이기에, 화려하게 만든 것으로 생각되지만 어디까지나 私見이다.

망주석의 상륜부는 寶珠로 장식하였으며, 연잎을 뒤집은 모습으로 표현되었다. 柱身은 길쭉하고 늘씬하게 만들어졌는데, 망주석의 받침은 귀부의 일반적인 모습인 龍, 거북이가 아니고 獅子이다.

귀부가 獅子로 나타나는 것은 불교의 영향이 조선 초기라서 남아 있다

---

37) 이조 판서를 지낸 강숙경(1428~1481)의 따님이고, 강숙경은 영의정 강맹경의 동생이다.

고, 생각하였지만, 지아비의 망주석은 거북이 받침이어서, 夫人 진양강씨
가 佛心이 강한 것으로 해석된다.

그림 122. 강씨 남편의 망주석

독특하고 재미있는 문화유산 이야기 中

그림 123. 강씨 남편의 망주석 귀부

필자가 전국의 선정비를 4000여 개와, 탑비도 많이 보았는데 귀부가 獅子로 되어 있는 것은 유례를 찾기 힘든 것이다. 이 책 내용에서 귀부가 용과 거북이가 아닌 것을 나열하기에 깊이 있는 설명은 하지 않는다.

묘지 답사를 하다 보면 대부분의 묘역이 기본적으로 가운데 석등과, 좌우에 망주석으로 되어 있거나, 아니면 문인석, 동자석, 망주석으로 구성되어 있는 경우가 많다. 진주 망주석이 있는 이곳은 다른 묘역의 석물들과 큰 차이는 없지만 상석에 조각과 망주석의 표현은 다른 묘역과는 많은 차이를 보이는데, 조선 전기 무덤 양식을 연구하는 데 아주 자료로 평가된다.

부인의 묘가 더 화려한 것도 드문 일이고, 지방에서 이러한 격식을 갖추었다는 것에 경이로움을 느꼈다. 망주석이 오래되고 풍화로 인해 마멸되고 훼손되어지는 것이 그저 안타까울 뿐이다.

7

아름다운 月石

墓域을 답사를 하면 풍수지리, 신도비, 봉분을 형태를 보는 것이 일반적인 것인데, 이 묘역에 답사를 간 것은 경상도좌도병마사의 글을 쓰려다 보니 자료가 없어 찾아간 것이었다. 지번이 山이라 엉뚱한 곳으로 돌아 묘역에 도착하여 보니, 아직 보수 공사 중이었다.

간단하게 몇 장의 사진만 촬영하고 집으로 왔다가, 2022년 1월 초에 가서 사진 촬영을 하였다. 공사가 끝난 묘역은 화려함과 아름다움의 절정이라는 표현을 하여도 무방할 정도이었다. 하나의 예술품을 보는 느낌이 들 정도이고, 正午를 넘어가는 시간이었기에 아름다움이 넘쳐흐르는 느낌이었다.

그림 124. 월문[38] 1

---

38) 월석(월문)은 관계되는 문중과 통화하여 위치는 밝히지 않는다는 조건하에 글을 쓰기로 하였으며, 아울러 월문을 책에 소개하는 것을 허락함에 감사드린다.

封墳 둘레석[39]은 구름과 봉황이 에워싸고, 월석에는 龍 여의수를 쥐고 화려하게 비상하는 것이 보인다. 龍의 얼굴은 여의주를 바라보면서 마치 살아 있는 듯한 느낌이 들 정도로 조각이 아름다웠다.

그림 125. 월문 2

여의주를 쥐고 있는 뒷다리는 마치 다른 瑞獸가 있는 모습처럼 표현되었으며, 龍 주위를 둘러싼 형태는 곡선으로 처리된 8각으로 구성되었다.

제일 중요한 것은 왜 이렇게 화려하게 아름답게 꾸몄을까를 생각 해 보았지만 아무런 답을 얻지 못하였다. 여기에 와서 보았다는 자체가 기분 좋은 일인 것이다.

영남 지방에서 나타나는 묘제로 생각하기에는 앞과 같이 아름다운 월석이 여러 곳에 보여야 하지만, 여기의 墓와 경남 고성에서만 보았기에,

---

39) 필자의 개인적 의견이다.

영남 지방의 독특한 묘제로 보기에는 어렵다고 생각한다. 이 문중에서만 보이는 것으로 생각하기에는 많은 의문만 남는다. 이렇게 만들기까지 그 당시의 생각과 예술의 혼을 느끼게 되는데 누구의 생각인지, 장인의 예술적 감각인지는 영원한 숙제로 남을 것으로 생각된다.

龍이 조각된 무늬를 가문의 문장이나 상징으로 하였으며 하는 생각도 하여 보는데, 유럽에서는 가문을 상징하는 깃발에 보면 그림이 화려하고, 동물을 그려 넣어 가문의 문장으로 사용하기에 한번 생각을 하여 본다.

앞의 문양은 장군의 묘이라 龍으로 하였지만, 附左한 부인의 묘는 아름다운 鶴 한 마리가 창공을 누비고 있는 것인데, 한 폭의 그림을 연상하게 한다.

그림 126. 부인의 월문

夫人의 월석은 구름 위를 나르는 한 마리 鶴은 우아함과 아름다움이 넘치는 고혹한 자태를 보이고 있으며, 좌우는 구름이 마치 새가 되어 날고 있어, 기품이 있는 여인의 모습이 한 마리 鶴으로 표현되어 있다. 다른 의견으로는 鶴이 아닌 鳳凰으로 보는 시각이 있다.

날갯짓하는 모습이나 깃털을 표현을 보면 아주 세밀하게 되었는데, 글로 표현을 못 할 정도의 아름다움이 넘치고 있어, 보는 이의 마음과 눈을 빼앗아 가는 마력이 있는 것으로 생각된다. 전국의 어떤 무덤의 월문에서 이러한 표현을 할 수 있을까 하는데, 그 어디에도 없는 것이며, 국보로 지정하여도 손색이 없을 것으로 생각된다.

그리고 부부의 묘역 아래에는 아들과 며느리의 묘에도 월문이 있어, 총 4좌의 월석이 있다. 앞서 논한 월석은 부부의 것이지만 이 묘역 아래에는 아들 부부 묘역에도 월석이 존재한다. 아들 묘의 월문의 龍은 둘둘 말린 종이 모양처럼 표현하였으며, 그 옆의 부인의 월문의 한 마리 주작이 우아한 몸동작으로 날아가는 모습이 보인다.

부모의 월석과는 겉 무늬의 차이가 있고, 문양의 차이는 있지만, 조각의 섬세함과 아름다움은 부모의 월석과는 차이는 없는 것으로 보인다.

그림 127. 월석

그림 128. 부인의 월석

　총 4좌의 月石이 있지만 시대적으로는 16세기 초의 작품이며, 龍과 朱雀(또는 鶴)의 문양은 어디에서도 찾아볼 수 없는 아름다움과 조각의 솜씨는 극치를 표현하였다고도 무방할 정도이다.

　특히 지방에서 만들었다는 것에 더욱 놀라울 따름이다.

　다른 지역에서는 볼 수 없으며, 그 당시에 어떠한 생각으로 만들었는지 알 수 없지만, 이 세상의 조각이 아닌 것으로 생각되기도 한다. 월석뿐만 아니라 면석, 상석, 등은 아주 정교하게 만들어져 있기에 여러 번 방문을 하였지만, 말과 글로 표현을 다 못 한 것이 아쉬울 정도이다.

　경남 고성에는 앞의 것과 비슷한 월석[40]이 있다. 시대는 200년 차이가 있고, 문양은 많은 차이를 보이지만 결코 앞의 月石 보다 뒤쳐지지 않는 문양이다.

---

40) 훼손과 보호를 위해 위치는 비공개로 한다.

　독특하고 재미있는 문화유산 이야기 中

그림 129. 고성 월석

　모양은 반월형이고 연판문을 조각하고 그 아래로 쌍룡이 마주 보고 있는 형상이다. 자세히 보면 입과 입 사이에 여의주가 보인다. 높이는 70cm 정도로 크지는 않지만 조각이 단순하면서도 아름다운 龍의 모습은 잘 표현하였다. 특히 龍의 입은 벌려서 입술을 대고 있는 형상이 아주 귀엽게 느껴진다.

그림 130. 우리옛돌박물관 월연석(월석) 1

그림 131. 우리옛돌박물관 월연석(월석) 2

마지막으로 서울에 있는 우리 옛돌 박물관에 소장하고 있는 월석[41]을 소개한다. 이 월석은 오래전에 보았지만 무엇을 뜻하는지 몰라서 우리 옛돌 박물관에 문의하니 경상도 묘역에 보이는 월연석이라 하였다. 조성 시기는 18세기 이후로 본다고 한다.

독특한 구성이 돋보이는 월석으로 아래 부분은 分閣門으로 되어 있고, 그 옆에는 門을 열어 주는 동자가 서 있다. 동자의 모습은 向 오른편은 형상이 잘 남아 있으나, 向 왼편은 마모로 인해 형상이 뚜렷하지 않다. 다르게 생각하면, 무덤에 있는 동자상의 변형으로 생각되기도 한다.

그 위로는 쌍룡이 구름 속에서 寶珠를 지키려 하는데, 龍의 크기에 비해서 보주는 작게 표현되었다. 전체적인 모습은 亡者를 위한 것이지만, 다른 곳과 달리 사람의 형상이 보이는 것과, 門의 표현이 특징적이다.

---

41) 우리옛돌박물관에서는 월연석이라 하였다.

느낌은 달이 떠오르는 것 같은데 달은 밤을 상징하고, 무덤은 陰이어서 모양이 반달 형식으로 만든 것이며, 누구의 묘역에 이렇게 독특하게 만들었는지 모르지만, 경상도에서만 보이는 월석의 작례는 어디엔가 또 있을 것으로 생각된다.

월석 몇 개만 소개하였지만, 서울 모 박물관에는 앞의 것과 비슷한 월석이 몇 개 있는데, 여기서는 소개하지 않는다.

월석이라는 아주 아름다운 문양이 있다는 것과 세월이 흘러도 보존되었다는 것에 놀랍지만, 아름답고 독특하게 만들었다는 것에 더 생각이 많이 하게 된다. 왕족의 무덤이 아니고 지방에서 이러한 예술품을 만들었다는 것과 그것을 보고 있는 우리가 더 즐거운 것이다.

지금까지 조사된 월석이 경상도에만 나타나는데 그러한 이유는 어떻게 해석해야 할지 모르겠다. 그 당시에 살지 않았기에, 만들게 한 사람과 匠人의 생각을 알 수 없는 것이 지금의 현실이다.

8

희귀 姓氏 선정비

조선에는 많은 인물이 나왔으며, 그러한 인물들이 조선 팔도에 나아가 선정을 베풀어서 선정비를 남겼다. 어떤 이는 이 선정비는 백성들의 膏血(고혈)이라 하지만 인명을 연구하는 데 선정비만큼 좋은 자료는 없다.

우리나라는 인구가 작은 만큼 희귀 성씨도 많지는 않지만, 사회생활을 하다 보면 희귀 성씨와 마주치는 일이 자주 있다. 필자가 사회생활을 하면서 만난 희귀 성씨는 皇甫씨, 片씨, 阿씨, 賓씨, 史씨, 施씨, 西門씨 등이다.

한반도에는 조선시대 관리들의 선정을 기리는 불망비가 많이 남아 있으며, 그중에 지금도 보기 드문 성씨의 선정비를 나열하면 재미가 있을 것으로 생각된다. 우리나라에 있는 성씨 약 5800여 개 있으며 그중에 김, 이, 박의 성씨가 40% 넘는 것으로 조사되었다.

울산에 남아 있는 선정비를 기준으로 보면 김씨, 이씨가 많이 남아 있고, 그중에 희귀 성씨는 경상좌도 병마사를 지낸 魚有璣 절도사 선정비가 남이 있다. 희귀 성씨의 선정비는 곳곳에 보이지는 않았지만, 희귀 성씨가 보이는 지역은 홍성군, 음성군, 춘천시, 울산시, 마산 진동읍, 구례, 남해 등이다. 희귀 성씨의 기준은 2015년 인구 주택 결과를 기준으로 정하였다.

(1) 옹몽진 현감 유애비

충북 음성향교에는 여러 현감들의 선정비들이 있으며, 방문 목적은 하마비와 울산에서 벼슬을 한 정현석 현감의 선정비를 보러 간 것이었다. 처음부터 희귀 성씨에 대한 연구는 하지 않았지만 선정비를 4000여 좌를 사진 촬영하다 보니 자료가 모인 결과이다.

> "순창 옹씨(淳昌 邕氏) 또는 옥천 옹씨(玉川 邕氏)는《세종실록지
> 리지》에 전라도 순창군의 토성(土姓)으로 기록되어 있다. 옥천(玉
> 川)은 순창의 별칭이다. 시조 옹희태(邕義泰)는 고려조에 병부상
> 서(兵部尚書)를 지냈다고 한다. 중시조 옹은(邕誾)의 증손자 옹몽
> 진(邕夢辰)이 1553년(명종 8) 별시문과에 급제하고, 1556년 중시문
> 과에 을과로 급제하여 음성현감·충청도사·형조좌랑·예조좌
> 랑·병조정랑 등을 거쳐 판관에 이르렀다. 옹몽진의 손자 옹경우
> (邕景祐)는 1624년(조선 인조 2년) 생원시에 합격하였다."[42]

선정비 중에서 邕氏의 것은 유일한 것이며, 임진왜란 이전의 碑로 역사적 가치가 있는 것으로 평가하고 싶다. 지금까지 조사한 임진왜란 이전의

---

42) 위키백과에서 발췌하였다.

선정비는 65좌로 추정되지만, 조사를 계속 하다 보면 더 있을 것으로 생
각된다.

그림 132. 음성현감 옹몽진 유애비

옹몽진의 유애비는 음성향교 비석군에 있으며, 碑의 전면에는 많은 글
이 있으나 일부만 해독 가능하여 여기서는 論하지 않는다.

유애비를 언제 세웠는지를 알아보면, 음성향교에 있는 안내문에는
1567년이라 되어 있으나, 옹몽진이 음성현감으로 부임한 시기가 1567년
이어서 맞지 않다고 생각되며, 사또가 부임하여 이임을 하면 선정 불망비

를 세우는데, 현감의 任期가 2년이므로 1599년으로 보아야 할 것으로 생각되나, 조선왕조실록에는 옹몽진의 기록이 보이지 않아서 장담하지 못한다.

음성 금석문의 기록에는 옹몽진 현감이 떠난 뒤에 유애비를 세웠다는 기록이 있어, 碑를 세운 년도는 1597년이 아니고 1599년이나 그 이후로 추정된다. 연예인 중에 옹씨가 있어 친근함이 들지만, 전국에 많은 선정비 중에서 하나뿐인 희귀 성씨의 선정비로 생각되기도 한다. 특히 음성에는 보기 드물게 희귀 성씨의 碑가 2좌가 되는데, 이것도 특이한 경우라 생각이 든다.

옹몽진의 음성현감으로 치적을[43] 알아보면 현감으로 부임하여, 백성의 宿弊를 제거하고자 고을에 사는 선비 柳訥과 상의하고 손수 진두에서 노력하여 백폐를 제거하고, 선정을 베풀었다. 그 결과 종래와 같은 과중한 부역을 감하고, 민의의 의한 시책을 하나씩 해결하였으므로, 현감으로 치적이 높았다. 그가 떠난 후 칭송이 자자하여, 마을 사람들이 합심하여 遺愛碑를 세웠다고 한다.

옹몽진(邕夢辰, 1518년~1584년)[44]

"조선 중기의 문신, 정치인이다. 본관은 순창, 字는 응룡(應龍)·응기(應祈). 아버지는 옹태운(邕太雲)이다.

1553년(조선 명종 8년) 별시 문과(文科)에 병과로 급제하고, 1556년 중시문과에 을과로 급제하여 판관에 이르렀다.

---

43) 음성 금석문에서 발췌하였다.
44) 한국민족대백과사전에서 발췌하였다.

1567년 음성현감으로서 정치를 잘하여 백성의 오랜 폐단을 제거하여 칭송을 받았다. 충청도사, 형조좌랑, 예조좌랑, 병조정랑을 거쳐 가선대부동지중추부사(嘉善大夫同知中樞府使)에 이르렀다. 일찍이 문장가로서 당대에 이름이 높았다."

음성의 구비문학에는 옹몽진에 대한 이야기가 전해 오고 있다.

"옹몽진은 어려서부터 착하고 부지런하였다. 어느 날 향교 앞을 지나가는데, 학동과 선비들이 글을 읽는 소리가 끊이지 않았다. 그리하여 '사람이 세상에 났다가 까막눈이 되어서는 안 되지. 무언가 많이 배워서 입신은 못하더라도 저 향교에서 공부하는 선비들처럼 글을 알아야 사람구실을 할 수 있으리라.' 하고는 글 배우기를 결심하였다.

그날부터 옹몽진은 향교에 들어가서 낮에는 향교에 딸린 논 밭 일을 하고 밤에는 열심히 공부를 하였다. 혼자 공부하다 모르는 것이 나오면 표시해 두었다가 선비나 학동들에게 물어서 배우니 학문이 일취월장이었다. 그렇게 공부하기를 얼마 후, 한다 하는 선비들도 감탄하는 실력을 갖추게 되었다. 시험 삼아 향시에 응시하여 쉽게 급제하고 이어 복시에도 합격한 뒤 문과에도 급제한 옹몽진은 향교의 고직 일을 맡아 보면서 관직이 제수되기를 기다렸다. 그러나 몇 해가 지나도록 조정에서는 감감무소식이었다. 기다리다 못해 다시 중과시를 보았는데 또 장원으로 급제하였으나 관직은 제수되지 않았다. 하루는 봄철이라 고직 녀와 밭을 갈고 있는데, 한양에서 남쪽 보은으로 부임하는 신임 사또의 행차가 지나간다. 앞서가는 길라잡이가 "이리 비켜라! 저리 비켜라! 사또님 행차시다!" 벽제 소리도 요란하니 위세가 당당하였다. 옹몽진이 보고 있자니 배알이 틀렸다. 고직 녀를 불러서는, "가서 신임 사또한테 신임하례를 들이게 하라." 하였다. 고직 녀가 그 뜻을 전하니 신임 사또가, "나는 중시에 급제한 사람이니 그럴 수 없다고 일러라." 한다. 옹몽진은 그 말에, "중시에 급제한 사람이 어찌 사또뿐이랴. 나는 중증시에 급제하였으니 어서 신례를 들이도록 일러라." 하였다. 그 말이 사또에게 다시 전해지자, "나도 중증시에 급제했으니 그럴 수 없다고 여쭈어라." 한다. 일이 이쯤 되니 옹몽진은 좀더 화가 올라서, "허, 중증시로 말할 것 같으면 내가 먼저이니 어서 신례를 드리라 일러라." 하였다. 이 말에 신임 사또는 깜짝 놀라서 멍석과 차일을 펴게 하고 옹몽진을 상석에 모신 뒤 엎드려 절하였다. 그리하여 두 사람은 자리에 앉아 세상 돌아가는 이야기며 시와 학문을 논하니, 금방 시간이 지나갔다. 마침내 신임 사또가 떠날 시간이 되었다. 신임 하례를 받았으니 답례를 해야 할 텐데, 들판 한가운데에 있다 보니 줄 만한 것이 없었다. 사방을 둘러보는데 조금 전까지 밭을 갈던 황소가 쟁기줄에 매어 있다. 옹몽진은 옳다 싶어서, "내가 신례를 받았으나 답례할 것이 마땅치 않아 이 황소를 드리니 팔아서 비용에 쓰시오." 하고 아낌없이 선사하였다. 그 후 두 해 뒤에, 그때의 보은군수는 내직으로 들어가 승정원 승지일을 맡아 보게 되었다. 어느 날, 임금이 승정원에 납시어 이런저런 이야기를 나누게 되었다. 외직에 있던 일을 하문받자 옛 보은군수는 문득 옹몽진과의 일이 생각나, 옹몽진의 인물 됨됨이와 박학다재한 학문을 칭찬하며 그의 불우한 처지를 자세하게 이야기하였다. 임금은 옹몽진의 이야기를 듣자마자 곧 기별을 넣어 옹몽진에게 상경하도록 명을 내렸다. 옹몽진은 갑작스런 명에 부랴부랴 차비를 하고 4~5일 길을 재촉해서 대궐문 앞에 도착했다. 그런데 수문장이 보아하니, 옷은 남루한데다 말씨도 촌스럽고 부들부들 떠는지라 잡상인이라 생각하고 소리를 꽥 질러 쫓아 버렸다. 옹몽진은 저만큼 쫓겨났다가 정신을 가다듬고는, '상경하라'는 임금의 증표를 수문장한테 내보였다. 그제야 수문장이 깜짝 놀라면서, "아니, 왜 진작 증표를 보이지 않고 떨고만 있었소." 하면서 안으로 들여보냈다. 그리하여 임금 앞에 부복하고 배알하니, "네 소원이 무엇인고?" 하고 하문하였다. 생전 처음 임금 앞에 나아간지라 부들부들 떨렸으나 워낙 우직한 성품인지라, "소인은 평생 음성향교의 고직이오니 그리 하렴하여 주사이다."

하니, 주위에 있던 신하들이 웃음을 터트렸다. 임금은 옹몽진의 순박하고 꾸밈없는 마음씀과 재질을 귀중하게 생각하여 음성현감을 제수하였다. 그리고 옹몽진 에게만은 임기를 적용하지 말고 죽을 때까지 현감을 하도록 특명을 내렸다. 그러고는 당시에는 음성에 고을이 설치되지 않았을 때여서, 충주목에 명하여 동면과 서면·남면을 떼어 음성현을 설치토록 하고 초대 현감으로 옹몽진을 앉혔다. 그때 군내의 부역이 심하고 빈민이 많아서 민심을 수습하고 군정을 정돈하기에는 어려움이 많았다. 이에 옹몽진 현감은 군내의 유력한 인사인 유눌(柳訥)을 불러서 군행정의 방법을 상의하고 손수 선두에 서서 선정을 베푸는 데 힘을 썼다. 무엇보다 무거운 세금을 줄이고 백성의 뜻에 따라 시책을 하나씩 시행해 나가니 백성들이 안심하고 부지런히 생업에 힘써 곡식이 창고에 쌓이게 되었다. 그리하여 농민은 격양가를 부르고 글방에서는 글소리가 높으니 군민 중에 옹현감을 따르지 않는 자가 없고, 옹현감을 칭찬하지 않는 이가 없었다. 마침내 옹현감이 나이 들어 죽자, 그 덕을 기리기 위하여 군민의 이름으로 유애비를 세웠다고 한다."[45]

위의 글은 어디까지나 傳해 오는 이야기로 들어야 하며, 허구적인 요소가 있지만, 옹몽진에 대한 자료 부족하여 여기에 글을 실었다.

다르게 생각하면, 옹몽진이 음성현감으로 부임하여 고을 백성을 위하여, 善政을 하였기에, 전설이 생기고 거기에다가 살을 붙여 재미있는 이야기 구성되어 남아 있는 것으로 생각된다.

특히 遺愛碑라는 명칭은 전국에 많은 선정비 중에서도 열 손가락에 들 정도로 생각되는 것으로 희귀 성씨와 임진왜란 이전의 선정비 그리고 유애비라는 명칭이 있는 이 선정비가 오래도록 보존되기를 희망하여 본다.

---

45) 한국학중앙연구원 - 향토문화전자대전.

(2) 초징명 현감 선정비

음성향교 비석군에 있는 음성현감을 지낸 초징명의 선정비이다. 碑의 상부는 半月이고, 그 안에 꽃을 새겨 넣은 것처럼 되어 있다. 초씨는 희귀 성씨로 전국을 답사하면서 처음 본 성씨여서 오래도록 기억에 남는 선정비이다.

"초씨(楚氏)는 중국(中國) 강릉(江陵)에서 시작되었다고 하며, 우리 나라 초씨(楚氏)의 연원(淵源)은 1644년(인조 22) 명(明)나라 한림학사(翰林學士) 초해창(楚海昌)이 명(明)나라가 망하고 청(淸)나라가 새로 일어나자, 불사이군(不事二君)의 충절(忠節)로 우리 나라에 망명(亡命)하여 충의장군(忠義將軍)으로 성산백(星山伯)에 봉해지고 성주(星主)에 정착(定着)한 것이 시초(始初)가 된다. 그후 그의 아들 수명(壽命)이 청(淸)나라가 밀파(密波)한 자객(刺客)을 피하여 명(明)자가 붙은 고을을 찾아 함북(咸北) 명천(明川)에 은거(隱居)한 후 자손들이 번창하여 초해창(楚海昌)을 시조(始祖)로 하고 선조(先朝)의 옛 고향인 파릉(巴陵)을 본관(本貫)으로 삼게 되었다.
초씨(楚氏)의 본관(本貫)은 「조선씨족통보(朝鮮氏族統譜)」·「증보문헌비고(增補文獻備考)」등의 문헌(文獻)에 성주(星州)·청주(淸

州)·강릉(江陵)이 기록되어 있으나, 모두가 동원분파(同源分派)이며 현존(現存)하는 관향(貫鄕)은 파릉(巴陵) 단본(單本)으로 알려지고 있다."[46]

그림 133. 음성현감 초징명 선정비

조선왕조실록에는 초징명의 기록이 보이지 않고, 승정원일기에는 음성

---

46) 성씨뉴스닷컴에서 발췌하였다.

현감에 제수되는 기록이 보인다.

"고종 3년 병인(1866) 12월 20일(을사) 맑음

○ 정사가 있었다. 이비에, 판서 이원명과 참의 조성교는 나왔다.

중략, 김희영(金熙永)을 의흥 현감(義興縣監)으로, 조위현(趙瑋顯)
을 명천 부사(明川府使)로, 이응규(李膺圭)를 양성 현감(陽城縣監)
으로, 초징명(楚徵明)을 음성 현감(陰城縣監)으로"

선정비에는 碑를 세운 시기가 희미하여 판독이 되지 않지만, 음성금석
문에는 1868년 丙辰十月이라 되어 있다. 초명징이 음성현감에 瓜滿이 될
때 선정비를 세운 것으로 추정되며, 초명징에 대한 자료가 거의 없어, 어
떠한 선정을 하였는지와 행적은 알 수 없다. 다만 매산 홍직필이 쓴 梅山
集에 그의 대한 기록이 보이고 있다.

희귀 성씨이고 기록이 많이 없다는 많이 아쉬운 일이지만, 선정비가 남
아 있어 간단한 이력만 알 수 있다는 것에 만족하여야 한다.

(3) 홍주목사 경섬 선정비

홍주성에 있는 몇 좌의 선정비 중 경섬(慶暹)의 碑가 있으며, 이제까지 조사한 선정비 중에서 慶씨의 선정비는 춘천 소양정 아래에 비석군에 慶㝡 선정비가 1좌 있으며, 경최는 경섬의 손자이다.

"경(慶)씨는 2015년 대한민국 통계청 인구 주택 총 조사에서 13,012명으로 조사되어 한국 성씨 인구 103위이다. 본관은 청주(淸州) 단본이다.

청주 경씨(淸州 慶氏)의 시조 경진(慶珍)이 고려 명종 때 서경(西京)에서 반란을 일으킨 조위총(趙位寵)의 세력을 평정하는 데 공을 세워서 중서시랑평장사(中書侍郎平章事)가 되었다. 경진의 아들 경대승(慶大升)은 1179년 무신 정권 때 정중부를 살해하고 정권을 장악했다.

이후 세계가 실전되어 고려 고종 때 호부상서를 지낸 경번(慶蕃)을 1세조로 하고 있다. 경번의 손자 경사만(慶斯萬)이 충숙왕비 명덕태후(明德太后)의 조카딸과 혼인하여 우대언(右代言)이 되었다. 경사만의 아들 경복흥(慶復興)은 고려 공민왕 때 문하시중(門下侍中)을 역임하였고, 청원부원군(淸原府院君)에 봉해졌다.

경복흥의 장자 경보(慶補)가 조선 개국공신에 책봉되어 찬성사

(贊成事)에 이르렀고, 차자 경의(慶儀)는 회군공신(回軍功臣)에 녹훈되고 서북면병마도절제사(西北面兵馬都節制使)로 평양윤(平壤尹)을 겸하였다.[47]

그림 134. 홍주목사 경섬 선정비

조선왕조실록이나 승정원일기에는 경섬이 홍주목사에 제수 된 기록이

47) 위키백과에서 발췌하였다.

독특하고 재미있는 문화유산 이야기 中

보이지 않아, 이 선정비가 홍주목사를 지낸 이력을 알려주는 중요한 역할을 하는 것으로 생각된다. .

목사의 임기는 2년이기에 홍주목사에 제수된 시기는 1611년으로 생각되며, 선정비를 세운 시기는 '만력 41년 4월 일립'이라 되어 있어, 1613년에 세운 것으로 보인다.

碑首는 화려한 龍의 모습이 압권이어서 멀리서도 잘 보이게 만들어졌다.

나중에 경섬은 충청도 관찰사도 역임하고, 여러 요직을 역임하여, 활동에 기록이 잘 남아 있으며, 경섬의 선정비가 있는 곳에 청주경씨 종친회에서 매년 순례를 온다 한다.

(4) 경상좌도병마사 어유기 선정비

울산 병영 1동사무소에는 경상좌도병마사를 지낸 이들의 선정비가 여러 좌 있으며, 그중에 魚씨의 비가 1좌 있다. 선정비 명문을 보면 대부분 선정비로 끝나지만 여기는 祛瘼保民碑(거막보민비)[48]라 새겨져 있다. 어씨의 선정비는 어유기 외에는 보이지 않으나 필자가 찾지 못한 선정비가 있을 것으로 생각되며, 조선 말의 장군인 어재연 순국비가 있으나 여기에 포함시키지 않는다.

많은 분들을 찾아서 글을 쓰면 좋겠지만 그럴 수 없는 현실이 안타깝지만, 나중에 희귀 성씨의 선정비가 발견되면 추가할 계획이다. 발품을 팔다 보면 언젠가는 보이겠지 하는 심정으로……

"함종(咸從)·충주·경흥(慶興) 등 3본이 전하며, 함종이 대종을 이루고 있다.

함종어씨는 고려 명종 때의 호장동정(戶長同正)이던 어화인(魚化仁)을 시조로 삼고 있다.

그는 중국 사람으로 남송(南宋) 때 난을 피해 우리나라의 강릉에 왔다가 그 뒤 평안도 함종현으로 옮겨 자리를 잡았다고 한다.

---

48) 우순(虞舜)이 12주목(州牧) 22인에게 훈계한 내용이 《서경(書經)》 순전(舜典)에 기재되어 있다. 조선시대 관리들의 대부분의 對民업부로 생각된다.

그림 135. 경상좌도병마절도사 어유기 거막보민비(울산 병영1동사무소)

그뒤 문정공파(文貞公派)·양숙공파(襄肅公派) 등 11개파로 갈라
졌다.

충주어씨는 고려 태조 때의 인물인 어중익(魚重翼)을 시조로 삼
고 있다.

그는 본래 지씨(池氏)로, 태어날 때 겨드랑이에 큰 비늘 셋이 있

었는데, 개국의 원훈(元勳)이 된 그의 아들을 통해 이를 안 고려 태조가 어씨를 사성했다는 설화가 전한다.

결국 충주지씨에서 분적해 충주어씨의 시조가 되었다는 것이다. 그가 충주백(忠州伯)에 봉해진 뒤 충주를 관향으로 삼았으나, 그 뒤의 계대(系代)를 잃어버려 조선 태종 때에 진사가 된 어승진(魚升震)을 기세조로 삼아 세계를 이어오고 있다.

경흥어씨의 시조인 어계복(魚繼福)은 명나라 상서시랑(尚書侍郎) 어석규(魚石奎)의 손자로 난을 피해 우리나라에 와서 함경도 경흥에 정착하여 뿌리를 내리게 되었다 한다.

한편 두만강에 떠 있는 배 안에 수달피 옷을 입은 어린아이가 있었는데 조선 숙종이 이를 보고 이상히 여겨 어씨를 사성했다는 창씨유래도 전해온다.

2000년 인구주택총조사의 성씨 및 본관 집계결과에 따르면, 가구수 5,476호, 인구수 1만 7,551명으로 성씨 중에서 인구 순위 96위이다.[49]

魚氏의 선정비는 몇 좌 있으나 어유기 1좌만 선택하였으며, 앞에서 설명하였듯이 魚氏는 3본이 傳하나 어유기의 본관이 어디인지 알아내지 못하였다. 어유기 좌병사는 1734년에 경상좌도병마사로 임명되어 18개월 동안 재임하였고 신병으로 사퇴하였다는 기록이 전한다.[50]

---

49) 다음백과사전에 발췌하였다.
50) 승정원일기 1734년 8월 15일.

(5) 남해현감 남궁 표 선정비

남궁씨의 선정비는 조사된 것은 3좌인데 모두 남궁 표의 것이었다. 남궁 표의 선정비가 있는 곳은 남해군 체육공원 비석군에 있고, 다른 1좌는 구례에 2좌가 있다. 3좌의 비석 중 눈길을 끄는 것은 화엄사에 있다는 것이다.

남궁 표의 선정비가 화엄사에 있는 이유를 필자의 추측으로는 여러 가지로 생각되겠지만, 관찰사, 암행어사를 수행한 것으로 추정된다. 다른 이유는 정기적인 마을 순찰 때 들린 것일 수도 있다.

"남궁씨는 문헌상 함열·부윤·남평·용안·의령·자산 등 6개의 본관이 전하나, 함열남궁씨가 대종을 이루고 있다. 시조는 기자를 따라 조선에 귀화한 은나라 사람이라 하지만, 함열남궁씨 세보에는 고려 성종 때 문하시랑평장사를 지내고 감물아(지금의 함열) 백에 봉해진 남궁원청이 시조로 되어 있다.

그 뒤 후손인 남궁득희를 중시조로 하여 세계를 이어오고 있다. 남궁씨는 조선시대 총 16명의 문과 급제자를 냈다. 1930년도 국세조사 당시 경기도 가평·강화·포천, 강원도 홍천, 충청남도 부여·공주, 전라북도 익산·고창 등지에 집성촌을 이루고 있었다. 2000년 인구주택총조사의 성씨 및 본관 집계결과에 따르면, 가

그림 136. 남해현감 남궁 표 선정비

독특하고 재미있는 문화유산 이야기 中

구수 5,675호와 인구수 1만 8,743명으로 성씨 중에서 인구순위 93위이다."[51]

남궁 표가 남해현감으로 부임한 시기는 1889년이고, 이임한 시기는 1890년이다. 남해현감으로 있으면서 한 일은 頌詩에 잘 나와 있는데 학교를 세웠고, 성채와 누대를 만드는 데 백성에게 부담을 주지 않았다는 내용이 있다.

51) 다음백과사전에서 발췌하였다.

(6) 전라수사 변국간 선정비

전남 여수 진남관에 있는 전라수사 변국간의 선정비로 희귀 성씨 선정비 이고, 임진왜란 이전의 碑로 남한에 몇 좌 되지 않는 중요한 碑로 생각된다.

변씨는 卞氏와 邊氏로 나누어지는데 여기서는 卞씨의 선정비만 다룬다. 그 이유는 아직까지 邊씨의 선정비를 못 보았기 때문이다. 卞씨의 선정비는 변국간(진남관), 변시익(홍주읍성), 변세희(고창읍성)에 남아 있으며, 그중에 변국간을 택하였다.

> "변씨(卞氏)는 중국(中國) 천수(天水:지금의 감숙성 위천도에 속한 지명)에서 계출(系出)된 성씨이며, 주(周)나라 문왕(文王)의 여섯째 아들인 숙진탁(叔振鐸)이 조후(曹侯)에 봉해지고 변읍(卞邑)을 식읍(食邑)으로 하사(下賜) 받아 지명을 따서 성(姓)으로 삼은 것이 시초이다.
>
> 초계 변씨(草溪 卞氏)는 당(唐)나라 천보년간(天寶年間: 742년 ~ 755년)에 예부상서(禮部尚書)를 지낸 변원(卞源)이 743년(경덕왕 2) 황명(皇命)을 받들어 8학사의 한 사람으로「효경(孝經)」을 가지고 신라에 동래(東來)하여 정착한 것이 시초라고 한다. 그러나 그 후의 세계(世系)가 실전(失傳)되어 고려 성종(成宗) 때 문과(文科)

독특하고 재미있는 문화유산 이야기 中

그림 137. 전라수사 변국간 비(여수 진남관)

에 급제하고 문하시중(門下侍中)으로 팔계군(八溪君)에 봉해진 변정실(卞庭實)을 시조(始祖)로 한다. 변정실의 아들에 의하여 변광(卞光)의 장파(長派), 변요(卞耀)의 중파(仲派), 변휘(卞輝)의 계파(季派)로 갈라졌다.

생원 변요(卞耀)의 손자 변고적(卞高迪)이 밀양에 세거(世居)하면서 밀양 변씨(密陽 卞氏)로 분관하였다. 변고적의 6대손 변옥란(卞玉蘭)이 고려조에서 호조판서, 병조판서와 이조판서를 역임한 후 조선이 개국되자 검교판중추원사(檢校判中樞院事)에 임명되고 개국원종공신에 책훈되었다. 변옥란의 아들 변중량(卞仲良)은 태조 이성계(李成桂)의 백형인 이원계(李元桂)의 사위로서 1395년 원종공신(原從功臣)에 녹훈되었다. 변중량의 동생 변계량(卞季良)은 조선 태종 때 예조판서 등을 거쳐 대제학(大提學)을 역임하였다.

2015년 인구는 초계 변씨 53,860명, 밀양 변씨 18,750명이다."[52]

병마절도사 변국간(1527~1591)의 기록을 찾아보면 7군데 병사, 수사를 역임했던 국가의 干城[53]으로, 전라병마사 재직 중 타계 하였다는 자료가 보인다. 변국간의 전라병사, 충청도 수사를 역임한 기록은 보이지만 전라수사에 대한 기록은 찾지 못하였다. 변국간이 전라수사로 재임한 시기는 1590년 이전으로 추정하여 본다. 희귀 성씨의 碑는 국내 남아 있는 선정비 중에서 쉽게 볼 수 없는 것이고, 강원도에는 鮮于氏가 있다 하나 찾지 못하였다.

---

52) 위키백과에서 발췌하였다.
53) 방패와 성이라는 뜻으로, 나라를 지키는 군대나 인물을 이르는 말.

(7) 절제사 명선욱 선정비

그다음으로는 明씨이다. 명씨는 鐵碑를 조사하는 과정에서 발견되었으며, 강진 병영성에서도 명씨의 선정비가 있다. 철비에 명문은 명선욱으로 되어 있고, 명선욱의 碑가 강진 병영성에 2좌가 더 있다.

"서촉 명씨(西蜀明氏)의 시조 명옥진(明玉珍)은 중국 호북성 소주[隨州] 출신이며, 원나라 말기 쓰촨[四川] 지방을 평정하고, 1362년 대하(大夏)를 건국하여 촉왕(蜀王)이라 칭했다.

1366년에 명옥진이 죽자 그의 아들 명승(明昇, 1355년 ~ 1393년)이 뒤를 이었으나 1371년 명(明) 태조에게 항복하면서 1372년(공민왕 21년) 18세의 나이에 어머니 팽씨(彭氏)와 함께 가족 27명을 거느리고 고려에 귀화하였다.

총랑(摠郞) 윤희종(尹熙宗)의 딸과 혼인하여 개경(開京)에서 살았다. 조선이 개국되자 왕족으로서의 예우를 받으며 태종 때 화촉군(華蜀君)에 봉해지고 충훈세록(忠勳世錄)이 하사되었다.

사후 황해도 연안군에 사당이 세워지면서 연안 명씨(延安明氏)라고도 한다.

조선시대 문과 급제자로 명광계(明光啓), 명정구(明廷耉), 명범석

그림 138. 명선욱 철비 -완도 객사

(明範錫), 명하율(明夏律) 등 4명이 있다.[54]

鐵로 만든 선정비가 필자가 조사한 것은 96좌이며, 그중에 완도 객사 뒤편 조그마한 언덕에 명선욱의 碑가 있다. 그리고 명선욱의 선정비는 강진 병영성에 있는데 2좌이며, 첨사를 재임한 명문이 보인다. 강진 병영성의

54) 위키백과에서 발췌하였다.

선정비는 남문 가까이 있었는데, 2023년에 재방문을 하여, 비석을 찾아보니, 북문 가까이에 장한상의 철비와 하마비와 같이 있었다. 하마비나 철비 등 여러 군관의 선정비가 있는데, 관심이 없는 것인지 관리가 제대로 되지 않아서, 이곳저곳 옮겨지는 느낌이 많이 든다.

선정비를 만든 것이 백성들이 자발적이냐 아니냐를 떠나서 인명적으로 역사적으로도 소중한 자원이라 생각하면, 하마비는 성문 밖에서 세워야 하는 것이고, 철비는 바람과 습기에 약하니 내부에 보관하여야 하는데, 아직까지 그런 마음이 들지 않는 까닭에 방치된 느낌이 든다.

그림 139. 가리포 첨사 명선욱 - 강진 병영성

그림 140. 첨사 명선욱 - 병영 강진성

독특하고 재미있는 문화유산 이야기 中

(8) 城主 기진흥 선정비

다음은 행주기씨이다.

서울 송파구 가락동 비석공원에 선정비 11좌가 있으며, 그중에 기진흥의 송덕비가 있다. 서울 송파구 가락동에 있는 비석은 조선시대는 광주부윤이 다스리는 지역이어서, 기진흥이 광주 부윤으로 재임한 것으로 생각된다.

다만 비석의 명문에는 성주기후진흥애민선정비(城主奇侯震興愛民善政碑)라 되어 있는데, 부윤이라 하지 않고 성주라고 한 것은 광주에 있는 남한산성을 관리하는 책임자이기에 그렇게 명문을 새긴 것으로 생각된다. 선정비 뒷면에 새겨진 기록을 보면 辛卯十一月日이라 되어 있어, 1651년에 세운 것이다. 그런데 기진흥은 김자점의 옥사에 연루되어 죽임을 당하였다는 기록이 보인다.

김자점 옥사는 1651년에 손부인 효명옹주의 저주 사건이 문제되고, 아들 김익(金釴)이 수어청 군사와 수원 군대를 동원해 원두표·김집·송시열·송준길(宋浚吉)을 제거하고 숭선군(崇善君)을 추대하려는 역모가 폭로되어 아들과 함께 복주당하였다. 김자점의 무리인 김응해(金應海)·기진흥(奇震興)·이파(李坡)·심지연(沈之演)·황헌(黃瀗) 등도 파직당하거나 교체되었다.

그림 141. 서울 송파구 가락동에 있는 城主 기진흥 선정비

문과 급제를 거치지 않은 공신으로서의 권력 추구, 궁중과의 파행적인 유착 관계, 청나라에 대한 매국 행위 등 당시 사림 사회의 명분에 어긋나는 갖가지 행동으로 인해 인조대 이후로 오랜 세월을 두고 비난을 받았다.

　"《행주기씨보(幸州奇氏譜)》와 《청주한씨세보(淸州韓氏世譜)》에
　따르면 시조는 기자조선(箕子朝鮮)을 창건했던 상나라의 왕족
　기자(箕子)의 48대손 기우성(奇友誠)이다.

고조선의 마지막 왕이자 마한(馬韓) 건마국의 초대 왕이었던 기자의 40대손 준왕(準王)의 후손인 기자의 47대손 마한 8대 원왕(元王) 훈(勳)에게는 아들로 우성(友誠), 우평(友平), 우량(友諒)의 3형제가 있었는데 우성은 백제로 가 행주 기씨(幸州 奇氏), 우평은 고구려로 가 태원 선우씨(太原 鮮于氏), 우량은 신라로 가 청주 한씨(淸州 韓氏)의 시조가 되었다고 한다.

다만 족보가 대체로 그렇듯이 사료와의 교차검증은 부실하다.

선조(조선) 때 영의정을 지낸 기자헌(奇自獻)의 동생이었던 기윤헌(奇允獻)의 집에 선계의 기록이 있었는데, 이괄의 난 때 소실되었다고 한다. 1688년(조선 숙종 24년) 족보를 개편할 때 이곡(李穀)이 지은 기황후(奇皇后)의 아버지 경장헌왕(敬莊獻王) 기자오(奇子敖)의 행장(行狀)을 따라서 고려 인종 때 정2품 문하평장사(門下平章事)를 지낸 기자오의 5대조이자 기우성의 65대손 기순우(奇純祐)를 1세조로 기록하게 되었다."[55]

---

55) 나무위키에서 발췌하였다.

(9) 익산 용안현감 왕정우 선정비

다음으로는 왕씨이다. 조선을 개국할 때 고려 왕족의 일가들이 대부분 이름을 바꾸거나, 죽임을 당하여 조선시대에는 관리도 등용되지 않았을 것으로 생각을 하였지만, 희귀 선정비를 조사하는 과정에서 2좌의 왕씨 선정비가 있었다.

고창 모양성에서 王啓疇(왕계주)의 선정비가 1좌가 있고, 익산에 1좌가 있다. 여기에 소개하는 왕씨는 익산에 있는 현감 왕정우의 선정비이다. 익산 용안면 사무소 비석군에 있는 것으로 여러 선정비 중에 하나이다.

"고려 태조의 증조부 국조로 기록되어 있다. 하지만 실제 왕씨 성은 국조의 손자 세조대에 이미 쓰이고 있었던 것으로 보인다. 국조와 세조의 문서를 보면 알겠지만, 당시 왕건의 조상이 왕씨 성을 썼는진 확신할 수 없다. 《고려사》〈고려세계〉에는 태조 왕건의 조상이 누군지 알기 어렵다며 《편년통록》, 《편년강목》과 이제현의 〈논평〉 두 주장을 모두 실었다.

두 가지 주장을 요약하면 《편년통록》, 《편년강목》은 세조 용건 혹은 태조 왕건 대부터 왕씨 성을 썼다고 한다. 반면 이제현은 국조 대부터 이미 왕씨 성을 써왔다고 주장한다. 현실적으론 태조 왕건이 신라계 귀족이 아닌 고구려계 지방 토호란 걸 감안하

그림 142. 익산 용안현감 왕정우 선정비

면 원래 가문에 성씨가 없었을 가능성도 있지만 지방 토호라고
해서 성씨가 무조건 없는 것은 아니다. 일례로 견훤의 아버지였
던 아자개도 그 속성이 이씨(李氏)였다고 전해진다. 무엇보다 왕
건의 가족 내력으로 보았을 때, 왕씨(王氏) 성은 이미 전부터 쓰
이고 있었던 것으로 확인되고 있다. 왕건의 사촌인 왕식렴과 왕
만세, 그리고 그의 삼촌인 왕평달이 고려의 건국과는 상관없이
이미 왕씨 성을 쓰고 있었기 때문이다.

《편년통록》,《편년강목》은 당나라의 숙종이 고려 '의조'의 친부라 하지만, 이제현의 〈논평〉은 당 숙종이 고려 '국조'의 친부라고 했다. 결국 둘 다 고려 왕씨 왕실이 당나라 이씨 황실의 직계 후손이란 걸 드러내고자 하는데, 이런 부분은 태조 왕건, 나아가 세조 용건, 의조 작제건 등 왕씨의 조상들이 신라 김씨들이 김일제의 후예를 참칭하는 것처럼 왕권의 신성성을 부여하기 위한 숭조 사업의 일환으로 보인다.

고구려의 재상이었다고 전해지는 왕산악이나 왕고덕, 당나라에서 무장으로 활약했던 고구려 유민 출신인 왕사례나 왕모중의 사례로 보았을 때 왕건의 선조들도 마찬가지로 고구려 멸망 전후로 신라에 편입된 고구려 왕씨 귀족의 후손일 개연성이 충분하다. 당장 북송의 서긍이 저술한 고려도경에서는 고려 왕실인 왕씨가 고구려의 대족(大族), 즉 큰 씨족 또는 귀족이라고 서술되어 있다."[56]

왕정우의 선정비는 익산 용안면 사무소 비석군에 있으며, 여기서 왕정우의 선정비를 선택한 것은 사진이 제대로 남아 있기 때문이다. 고창 모양성의 왕계주의 선정비는 사진 촬영하였다고 생각하여, 찾아보았으나 보이지 않아 여기에 넣지 않았다.

왕정우의 기록을 찾아보면 조선 고종 17년(1880년)에 용안현감으로 제수되는 기록이 보인다. 전국에 많은 벼슬아치들의 선정비가 있지만 고려 왕실의 성씨의 선정비는 드물기에 인명학적으로 많은 가치가 있는 것으로 생각된다.

---

56) 나무위키에서 발췌하였다.

(10) 行첨절제사 가행건 선정비

마지막으로는 가(賈)씨이다.

가씨는 한자로 價씨와 賈씨가 있고, 가(賈)씨는 태안가씨와 소주가씨로 나누어진다. 태안 안흥 진성 입구에 비석군이 있으며, 가행건의 碑는 2023년 7월 2일에 안흥진성 답사를 가서 보고 왔는데, 그 당시는 碑의 刻字가 희미하여, 판독이 되지 않았다. 그러다가 9월 연휴에 사진을 정리하여 보니 가행건의 선정비가 보였다. 가행건은 소주가씨로 내력은 다음과 같다.

"임진왜란 때의 공을 세운 명나라 장수 가유약(賈維鑰)을 시조로 삼는다. 시조 가유약(賈維鑰)은 명나라 병부상서 계요도찰사(薊遼都察使)로 임진왜란 때 명나라 군대를 이끌고 조선에 들어와 안주(安州) 등지에서 왜군과 싸워 공을 세우고 돌아갔다고 한다. 그 후 정유재란이 일어나자 유격장군(遊擊將軍)인 아들 가상(賈祥)과 병부종사관(兵部從事官)인 손자 가침(賈琛)을 데리고 다시 조선에 와 소사(素沙), 남원 전투에서 공을 세웠고, 1600년 부산 포구 전투에서 아들 가상과 함께 전사하였다고 전해져 내려온다.

손자 가침이 이들의 시신을 거두어 울산 서생진(西生鎭) 도독동
(都督洞)에 묻었다. 이후 가침은 조선에서 안동 권씨 권순의 딸과
혼인하여 울산에서 터를 잡고 뿌리를 내렸다. 후손들이 가유약의
출신지인 장쑤성 쑤저우(소주, 蘇州)를 본관으로 삼았다고 한다."

그림 143. 行첨절제사 가행건 선정비

가행건의 선정비는 답사가 얼마나 중요한지 알려 주는 것으로 생각된
다. 답사를 하여 보고 온 것과 아닌 것은 많은 감정의 차이로 나타나고, 우

연히 발견된다는 것은 답사의 결과이고 발품의 결정물인 것이다. 생각하지도 않은 결과물을 찾았다는 것은 답사의 보람과 그에 들어간 경비가 아깝지도 않은 것이다.

가행건의 선정비는 송시가 없어 어떠한 선정을 하였는지 알 수 없으나, 그가 남긴 문집인『석호집』은 태안의 역사에 관해 직접 밝혀 준 옛 기록물이며, 고향 태안 지역의 발전, 지역민의 삶과 질을 보살펴 주기 위해 노력한 흔적들이 그 당시 상황을 잘 그리고 있다고 전해진다.

옛 문집인『오주연문장전 산고』에는 씨성과 보첩에 대한 변증설이 있다. 그 내용은 다음과 같다.

씨성과 보첩(譜牒)에 대한 변증설(고전간행회본권 33)

"하늘이 사람을 낸 지 이미 오래다. 만일 사람에게 성(姓)과 씨(氏)가 없다면 그 족(族)을 구별할 수 없다. 그러므로 으레 성과 씨를 정하여 그 족을 분별하였으니, 이는 자연의 이치이다.

무릇 성은 오제(五帝 소호(少昊)·전욱(顓頊)·제곡(帝嚳)·요(堯)·순(舜).《사기(史記)》에는 소호 대신 황제(黃帝)로 되어 있음)에서 생기고《춘추(春秋)》에 22성(姓)이 보이는데, 전국 시대 이후로는 성을 그냥 씨로 삼고 오제 이래로 생겼던 성은 없어졌다. 무릇 주소가(注疏家)들이 인용한 성·씨는 거의《세본(世本)》에서 나왔는데, 지금에는《세본》이 없어졌으므로 자세히 상고할 수 없다. 씨는 제후(諸侯)에게서 생겼다.《예기(禮記)》대전 정의(大傳正義)에 "제후가 경대부(卿大夫)에게 씨를 준다." 하였다. 천자(天子)가 제후의 출생한 지명을 따라서 성을 주고 수봉(受封)된 지명을 따라서 씨를 명하였으니, 성은 그 조상의 근본을 통할하고 씨는 그 자손의 유래를 분별한다. 천자는 덕(德) 있는 이를 제후로 삼은 뒤에 그 제후의 연고지 지명을 따라 성을 주고 수봉된 지명을 따라 씨를 명하며, 제후는 신하의 왕부(王父)의 자(字)를 따라 씨를 명하고 시(諡)를 따라 족(族)을 삼도록 한다.

천자는 성과 씨를 줄 수 있고 제후는 씨는 줄 수 있으나 성은 줄 수 없으므로, 성은 천자가 아니면 주지 못하고 씨는 제후가 아니면 명하지 못한다. 또한 성을 씨로 호칭할 수 없고 씨를 성으로 호칭할 수 없으며, 성은 혼인(婚姻)의 관계를 분별하고 씨는 귀천(貴賤)의 등위(等位) 사람의 씨(氏)는, 그 벼슬이나 혹은 그 행적으로 정해지는 것이다. 즉 공덕(功德)에 의한 씨는 귀하게 여기고 기력(伎力)에 의한 씨는 천하게 여기는 것이므로, 그 씨를 보면 그 귀천을 알 수 있다.《白虎通 姓名》를 분별한다.

그러므로 성·씨에 대해 잘못된 관례를 변론하지 않을 수 없다. 전국 시대 사람들은 그래도 씨(氏)·족(族)을 호칭하였는데, 한(漢)나라 때 사람들은 통틀어서 성(姓)으로 호칭하였다. 예를 들면, 백우(伯禹)의 성을 사(姒), 씨를 유하(有夏)라 하고 백이(伯夷)의 성을 강(姜), 씨를 유려(有呂)라 하였다."[57]

---

57) 고전번역원db에서 발췌하였다.

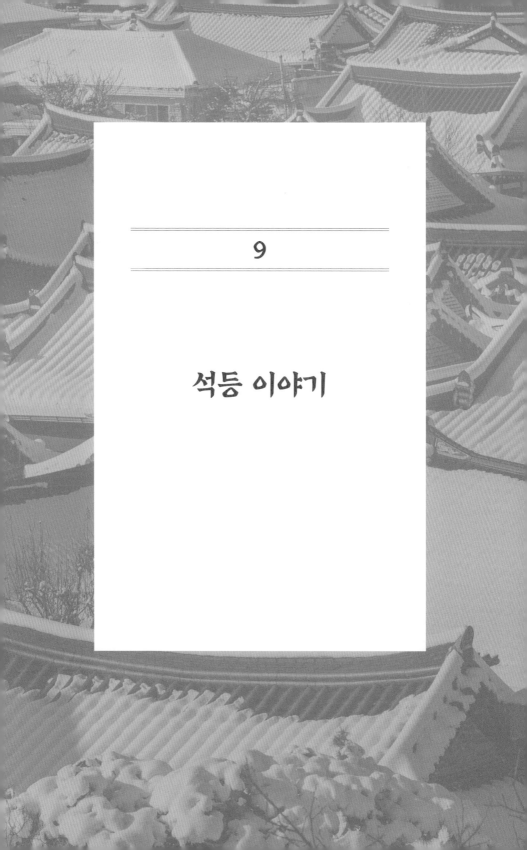

9

석등 이야기

"석등은 등불을 안치하는 공양구의 하나로 제작되었던 것으로 짐작된다. 형태는 하대석·중대석·상대석·화사석·옥개석 등으로 구성되며, 옥개 위에는 보주를 얹는 것이 일반적이다. 등불을 안치하는 화사석은 사각형·육각형·팔각형이 대부분이다. 석재를 사용해 만든 것이 가장 많이 남아 있다.

우리나라에서는 익산 미륵사지에서 백제시대의 석등 파편이 출토된 것으로 보아 삼국시대에 이미 석등이 만들어졌음을 알 수 있다."[58]

전국 사찰과 능묘에는 많은 석등이 있지만 대부분 비슷하지만, 여기에 소개하는 것은 그중에서 기존에 있는 석등보다는 좀 다르게 특이하게 만든 것이다.

---

58) 다음백과사전에서 발췌하였다.

(1) 日月 석등[59)

　파주 박중손의 墓에는 다른 지역에서 볼 수 없는 달과 해를 표현한 석등(장명등)이 있다. 이 석등을 보려고 해가 긴 6월에 당일로 차를 몰고 올라갔는데, 남양주, 의정부를 거쳐서 박중손 묘에 도착하니 전기선으로 울타리를 만들어 놓아서 의아해하였는데, 묘역에 짐승이 들어오지 못하게 하기 위하여 울타리를 만들었다고 한다. 묘역 전체를 둘레를 천천히 돌아보다가, 묘역에 들어가 사진 촬영을 하였다.

그림 144. 박중손 묘 전경

　박중손 부부 묘역에는 석등(장명등)이 2좌가 나란히 있으며, 日月은 박

---

59) 왕릉과 사대부의 묘의 장명등이라 한다.

중손 묘 앞에만 보이고, 정면으로 보았을 때는 日月의 모양이 보이지 않고, 동서로 보아야 보인다. 부인 묘 앞의 장명등은 부인이 남편보다 먼저 사망한 관계로 제작 시기가 차이가 있을 것으로 추정된다.

2좌의 석등(장명등) 높이는 서로 비슷하고, 박중손 묘 앞의 것이 조금 더 둔중해 보이며, 부인 墓 앞의 것은 細長한 모습을 하고 있어 마치 男女를 구분하여 만든 것처럼 보인다.

그림 145. 박중손 묘 일월 모양 1

"박중손 묘 앞에 있는 석등(장명등)은 전후면 방형의 화창이고, 동쪽과 서쪽에 각각 해와 달을 상징하는 둥근 모양과 초승달 모양의 화창을 두었다. 다른 명칭으로는 일월등이라 불리고 있어 많은 석등(장명등)이 남아 있지만, 국내에 유일한 것으로 보인다. 묘제(墓制)와 장명등 등의 석물(石物)은 조선 초기의 전형적인 양식으로 온전하게 잘 보존되어 초기의 우수한 조성수법을 보여

독특하고 재미있는 문화유산 이야기 中

준다. 수한 수법과 형태의 장명 등은 매우 희귀한 예로써 역사
적·학술적으로 중요한 가치가 있다고 인정된다."[60]

그림 146. 박중손 묘 일월 모양 2

서편에서 바라보면 초승달이 보이고 그 안을 통해 태양이 보이는 형태
이다. 석등이 빛을 나타내는 것이기에 빛 중에서 최고인 태양과 달을 모
양을 새겨서 조그마한 석등에 宇宙를 넣은 것으로 풀이된다.

---

60) 파주시 관광 홈페이지에서 발췌하였다.

(2) 경남 고성 장명등[61]

경남 고성의 장명등은 특징은 기둥과 화사석에 들 수 있으며, 석등에 보기 드물게 細虎가 있다.

그림 147. 고성 장명등 석등

[61] 훼손을 우려해 위치는 밝히지 않는다.

기둥의 맨 아래는 원형으로 하고 그 위는 방형의 모양으로 두어 상나리 무늬[62]를 넣었으며, 기둥을 굵은 대나무를 표현하였으며, 세 마리의 細虎가 있다.

전국의 여러 묘역을 돌아다니면서, 400여 곳의 장명등의 보면서 세호는 보지 못하였는데, 영조 대의 인물의 묘의 장명등에서 세호는 답사를 하면서 우연한 만남이었다. 그리고 망주석에는 세호가 2개 있는 것도 있지만 3개의 세호는 이례적이고, 처음 보는 작례로 생각된다.

그림 148. 석등의 기둥에 보이는 細虎들

장명등(석등)의 기둥은 대부분 짧거나, 민무늬가 많은 데 비해, 여기의 장명등은 굵고 긴 대나무를 표현하였는데, 이것은 조선 선비의 곧은 마음을 여기에 넣었다고 생각되나, 만들 당시에 어떤 생각으로 이렇게 만들었

---

62) 眼象이라고 하지만 안상보다는 상나리 무늬로 쓰기로 한다.

는지는 지금으로서는 알 수 없지만, 단지 떠오르는 것은 곧은 선비의 정신의 상징이 국화나 대나무로 생각되기에, 기둥은 사진과 같이 만들었다고 본다.

그림 149. 고성 석등 上部

기둥 위로는 사각의 화사석이 있으며, 기둥은 대나무 모양과 사각의 기둥이 혼재되어 있으며, 그 위로는 팔작지붕을 표현하였다.

석등을 보면 화사석의 내부는 좁게 만들어 불을 붙이면 꺼지지 않게 만들지만, 여기는 그러한 것보다 커다란 광장 같은 느낌이 들어 神들의 놀이터로 생각될 정도이다. 欄干이 있어 기둥에 의지한 하나의 亭子와 같은 느낌이 드는 것은 나만의 생각인지 모를 일이다.

묘역의 주인은 영조 대의 인물이고, 기장현감을 지낸 기록이 보이고, 영남의 큰 부자였다고 하니, 장명등의 표현도 다른 곳과 달리 표현하였다고 생각된다. 필자의 생각은 장명등의 이름을 정하면 죽절문 석등이라 칭하여 무방하다고 생각도 든다.

사찰과 왕릉과 그리고 개인의 墓에는 장명등(석등)이 있지만 독특하게 만들었으니, 다르게 보이는 것이다. 200년이라는 세월이 흘러 만들 당시의 아름다움은 보이지 않지만 대나무 모양 기둥과 細虎가 있는 석등은 드문 것이니 잘 보존되기를 바라여 본다.

(3) 대구 부인사 석등

부인사의 석등은 일명암지[63]의 것으로 다른 석등과는 화사석이 독특하게 만들어졌다. 부인사에서 200m 떨어진 암자에 있었던 석등의 부재를 모아서 복원하였으며, 석등의 화사석은 네 모서리를 잘라 8각을 만들었으며, 넓은 면에는 2개의 창을 만들고, 좁은 면에는 1개의 창을 만들어 다른 지역에 볼 수 없는 독특한 모습의 석등이다.

처음에 부인사 답사를 갔을 때는 그러한 느낌이 없었지만, 특이하고 독특한 석등이 없을까 검색을 하다 보니, 예전에 사진 촬영한 부인사 일명암지 석등이 떠올랐다. 그래서 다시 가서 사진 촬영을 하였다.

부인사 석등의 화사석은 옛 부재는 아닌 것으로 생각되며, 전체적인 구조적 모습은 통일신라의 것으로 추정되나, 다른 시각으로는 통일신라의 양식을 계승한 고려시대의 작품으로 보는 시각도 있다. 시대가 중요할지 모르지만, 독특하다는 것에 눈에 들어오는 것은 나만의 생각이 아닐 것이다.

많은 장명등(석등)이 남아 있지만 똑같지 않고, 다르게 독특하게 만든다는 것은 아름다움과 예술적인 감각이 더 뛰어난 사람들의 생각이 들어 있기에 만들었다고 생각되며, 남과 같지 않고 다르다는 것은 匠人의 특별한 know-how라 생각이 든다.

---

63) 일명암지는 사찰의 이름을 모르는 경우에 쓰는 명칭이다.

그림 150. 부인사 석등

그림 151. 부인사 석등 화사석

(4) 12지상 석등

경주 교동은 월성과 계림의 서쪽의 작은 마을로 향교가 있다 하여, 교동이라 부르고 있다. 교동이라 부르는 조그마한 마을에 석등이 있는 집이 있다. 개인 소유한 이 석등은 받침에 12지상을 새겨져 있는 특이한 것이다. 처음 답사를 갔을 때는 허락을 받고 석등을 보았지만, 지금은 폐를 끼치지 않는 이상 쉽게 볼 수 있다.

> "이 석등은 흥륜사지(興輪寺址)에서 가져왔다고 전해지고 있다. 일반적으로 석등은 불을 밝혀두는 화사석(火舍石)을 중심으로, 아래에는 3단의 받침을 두고 위로는 지붕들과 머리장식을 올리는데, 이 석등은 화사석과 지붕돌을 두지 않은 독특한 모습이다. 꼭대기에는 꽃봉오리 모양을 한 머리장식이 남아있으나, 옆으로 살짝 비뚤어졌다. 대석은 네모난 형태로 된 지대석이며, 사면에는 십이지신상(十二支神像)의 좌상이 조각되어 있다. 지대석 상부에는 간주가 있고 또 그 위에 연꽃이 위로 솟은 듯이 표현된 대석이 있다. 석등 밑에 십이지신상이 새겨진 예는 매우 드물어 주목된다."[64]

---

64) 문화재청 홈페이지에서 발췌하였다.

12지의 표현은 석탑에서도 보이고, 스님의 무덤인 부도에도 있다. 그리고 石棺에서도 표현되었다. 그렇지만 석등에서 표현은 경주에 있는 것이 국내 유일한 것으로 알려졌다.

그림 152. 경주 교동 12지상 석등

12지상은 앞의 사진(그림 152)에 보는 것과 같이 석등의 기단 부분에 새겨져 있지만 희미하다. 네모난 받침에 12지상을 새겼지만, 손에 든 지물이나, 옷의 형태 등을 알 수 없는 것이 아쉽지만, 지금까지 우리 곁에 남아 있기에 보는 것이다.

(5) 여주 신륵사 보제존자석종 앞 석등

여주 신륵사에는 고려 말에 세워진 석등이 있다. 이 석등은 많이 알려져 있고, 다른 석등의 모양과는 차이를 보이고 화려하게 만들어졌다. 석등의 재료도 화강암이 아닌 납석제이기에 조각이 섬세하게 되었으며, 모양이 석조 부도를 모방한 것이 보인다. 고려 후기에 보이는 석등이 단순하게 구성되었기에, 여주 신륵사 석등은 고려 후기의 석등 중 으뜸으로 평가받고 있다.

> "신륵사 서북쪽 언덕 위에 세워져 있는 8각 석등으로, 불을 밝혀두는 화사석(火舍石)을 중심으로 아래에는 세부분으로 이루어진 받침을 두고, 위로는 지붕돌과 머리장식을 얹은 모습이다.
> 받침에는 표면 전체에 꽃무늬를 가득 새겨 장식하고 있다. 화사석은 각 면에 무지개 모양의 창을 낸 후, 나머지 공간에 비천상(飛天像)과 이무기를 조각했다. 지붕돌은 두꺼우나 여덟 귀퉁이에서의 치켜 올림이 경쾌하여 무거운 느낌을 덜어준다.
> 고려 우왕 5년(1379) 보제존자석종 및 석비와 함께 세워진 작품으로, 확실한 연대를 알 수 있는 귀중한 유물이며, 고려 후기의 대표적 양식을 보여주고 있다."[65]

---

65) 문화재청 홈페이지에서 발췌하였다.

그림 153. 여주 신륵사 보제존자석종 앞 석등

그림 154. 비천상이 보이는 신륵사 석등

독특하고 재미있는 문화유산 이야기 中

10

독특한 浮屠

"부도는 부두(浮頭)·포도(蒲圖)·불도(佛圖) 등 여러 가지로 표기되는데, 원래는 불타(佛陀)와 같이 붓다(Buddha)를 번역한 것이라 하고 또는 솔도파(率屠婆, stupa), 즉 탑파(塔婆)의 전음(轉音)이라고도 한다. 어원으로 본다면 불타가 곧 부도이므로 외형적으로 나타난 불상이나 불탑이 바로 부도이며, 더 나아가 승려들까지도 부도라 부르기도 한다."[66)]

그러나 현재는 석탑과 부도는 달리 보는 시각도 있으며, 울산에 있는 12지 부도는 사리탑이라고도 한다. 소개하는 부도는 몇 좌만 하는데 여기에 소개하는 것보다 더 다르게 만든 것도 있다. 여기에 소개하는 이유는 어디까지나 필자의 생각에 독특하기 때문이다. 여주의 고달사지 부도와, 경북대학교에 있는 연화 운룡장식 승탑은 여기에 포함시키지 아니한다.

---

66) 한국민족문화대백과사전에서 발췌하였다.

(1) 완주 대원사 龍刻 부도

완주 모악산 대원사는 주차장에서 15여 분 걸어가야 한다. 대원사의 방문 목적은 5층 석탑을 보러 가는 것이었는데, 가는 김에 부도전에 들렀더니 龍刻 부도가 있었다.

그림 155. 완주 대원사 용각 부도 1

그림 156. 완주 대원사 용각 부도 2

　한반도에 남아 있는 부도의 龍 조각은 많이 남아 있으나, 여주 고달사
지, 경북대박물관에 보이는 운룡장식 승탑은 입체적인 모습을 하고 있고
대원사의 부도도 그러한 모양을 하고 있다.

　龍刻 부도는 두 마리의 龍이 서로 휘감으며, 여의주를 지키는 모양이지
만, 다른 생각을 하면, 부도를 지키는 형상으로도 생각된다. 이 부도는 지
대석, 탑신석, 옥개석과 상륜부를 갖추고 있으며 탑신석은 석종형으로 되
어 있지만 여러 조각들이 전면에 펼쳐 있어 국내에서는 유례를 찾기 어려

운 부도이다.

부도의 탑신석에 전체에 걸쳐 문양을 깊게 조각하였고, 3단으로 구성되어 있다. 탑신 하단에는 앙련이 촘촘하게 되어 있고, 중앙에는 龍 두 마리가 휘감아 여의주도 보호하면서 부도의 탑신을 지키는 것으로 보인다. 龍의 조각을 보면 사실적으로 표현하여 생동감이 넘치며, 龍이 조각되었기에 명칭을 용각이라 하였다.

시대적으로 보아서는 고려시대의 부도로 보이고, 부도가 화려하게 조성되었기에, 王師나 國師의 부도로 추정된다. 중요 인물로 본다면 부도를 조성한 기록이 있어야 하지만 기록이 보이지 않기에, 만든 시기나 부도의 명칭은 추정만이 가능하기에 아름답고 훌륭한 작품이 빛을 내지 못하고 있다.

(2) 울산 태화사지 12支像 사리탑

　두 번째로 소개하는 부도는 울산 시립 박물관에 소장하고 있는 傳 울산 태화사지 12지상 부도이다. 처음에 사진을 촬영할 때는 울산 왜성에 있었으나 나중에 울산박물관으로 옮겼다.

그림 157. 울산 왜성에 있을 당시 傳태화사지 12지상 부도

　남아 있는 浮屠[67] 중에서 12지상에 있는 유일한 것으로 전하는 바에 의하면, 신라의 사찰이었던 태화사지의 것으로 추정되나, 많은 기록과 그 당시의 유물인지는 확실하지는 않다. 부도의 모양이 종형으로 이러한 모양

---

67) 태화사지 12지상 사리탑이나 여기서는 일반적인 용어인 부도로 명명한다.

은 대부분 조선 시대에 보이는 것인데, 통일신라의 작품으로 보는 시각과 아닌 견해가 공존하는데 있어, 역사적 근거가 약한 것이다.

그리고 부도를 보면 상륜부가 있고, 받침돌이 보이는데 12지 부도의 경우 받침돌은 필자의 생각은 봉로대로 보여 부도와 받침돌은 시대가 맞지 않아 보인다. 부도에 보이는 연화문이 없고 다른 부도와 달리 龕室이 존재하고 12지상이 돋을새김이 되어 있어, 국내에서 유일하고 독특한 작례로 생각된다.

12지상이 남아 있는 석탑 중에 예천 개심사지, 구례 화엄사, 경주 원원사지 등에서 보인다. 특히 그중에 원원사지의 쌍탑이 8세기에서 9세기로 가는 시대적 배경이 보여 12지상 부도도 그 이후의 작품으로 보이지만, 태화사의 세운 자장율사가 석가의 사리의 봉안하였다는 기록이 있지만, 부도에 봉안하였는지, 석탑에 하였는지 기록이 없고 태화사지를 세운 시기와 부도의 제작 시기가 맞지 않아 태화사지 부도로 보기에는 약하다는 생각도 하여 본다.

다만 태화사지 부도에 나타나는 12지상을 돌려가며 도드라지게 새겨 놓았는데, 머리는 짐승이고 몸은 사람의 모습으로 거의 나체에 가깝다. 12지신은 띠를 나타내는 12동물로, 우리나라에서는 통일신라시대에 능을 보호하기 위한 의도로 조각되어 세워지기 시작하였는데, 부도에 새겨지기는 보기 드문 예이다.

12지상 부도가 외부에 있지 않고 보호 차원에서 박물관 내부에 보관하고 있는 것은 울산박물관이 한 일 중 제일 잘한 것으로 생각된다.

그림 158. 태화사지 12지상 사리탑 1 - 울산박물관

그림 159. 태화사지 12지상 사리탑 2 -울산박물관

독특하고 재미있는 문화유산 이야기 中

(3) 합천 청강사 부도(승탑)

합천 청강사의 답사 목적은 처음부터 부도가 아니었다. 그곳에는 논개 詩를 쓴 번영로의 詩碑가 있다 하여 보러 간 것인데 뜻밖의 승탑을 본 것이다.

"합천 청강사 승탑은 지대석에서부터 상륜부까지 승탑의 일반적인 세부 구조를 다 갖춘 이 승탑은 지대석과 하대석이 높게 가구되어 있어 규모에 비해 전체 높이가 높은 편이다.

지대석과 하대석은 체감된 층단처럼 유사한 형태로 각각 1매의 팔각 석재로 가구되어 있다. 다만 문양이 없는 지대석과는 달리 하대석 각 면석에는 연꽃을, 곡면으로 처리된 윗면에는 복련을 새겨 놓았다. 중대석은 고복형으로 상하 가장자리에 연판문을 새긴 후 표면에 두 마리의 용이 보주를 희롱하는 모습과 함께 여의두문을 가득 조출하고 있다. 팔각의 상대석에는 각 면에 박쥐를 새겨 놓고 있다. 탑신부의 탑신석은 구형이며 표면을 4등분하여 국화문, 연화문, 목련문 등을 조각하고 있다. 팔각의 옥개석에는 기와골이 각출된 낙수면과 귀꽃 및 밑면에도 부연과 서까래가 표현되어 있기도 하다. 상륜부는 보개석과 보주석으로 가구되어 있는데 1매의 석재로 치석되어 있다.

그림 160. 합천 청강사 부도 1

이 승탑은 치석된 석재 형태와 문양의 시문 배치 형식 및 문양들
이 조선시대에 건립되는 장명등의 조각 수법 및 문양 양식을 많
이 따르고 있다. 또한 이 승탑은 조선후기부터 건립되는 대부분
의 승탑이 석종형 양식을 따르거나 팔각원당형과 석종형이 혼
합된 간략해진 양식을 지니고 있는 것에 비해 독특한 양식을 갖

독특하고 재미있는 문화유산 이야기 中

그림 161. 합천 청강사 부도 2

그림 162. 합천 청강사 부도 3

추고 있어 조선 말기에서 근대에 이르는 시기에 조성된 것으로 파악된다."[68]

처음 방문 당시에는 부도가 독특하여, 문양이 일반적인 부도에서 보이는 것이 아닌 것이 눈에 들어오고, 지대석은 팔각이고, 그 위로는 원형, 팔

---

68) 문화재청 홈페이지에서 발췌하였다.

각, 원형의 형태로 변화를 보이는 것이 눈에 들어오고, 박쥐, 보주와 넝쿨이 있는 꽃들이 보여, 회화적인 면도 있어 보이는 부도(승탑)이다.

상륜부는 기본적인 부도의 형식이 보이고 전체적인 것은 운주사 사발형 석탑과 양주 회암사지 부도를 섞어 놓은 것처럼 느껴진다.

청강사의 부도의 건립 시기를 근대로 보는 시각과 조선 후기로 보는 경향이 있지만, 박쥐와 등의 문양으로 보아서는 조선 중기로 가지는 않고, 조선 말기에서 근대에 가깝게 보이는 것이지만 누구의 부도인지, 언제 세웠는지는 중요하지 않다. 아름다움과 독특함을 즐기면 되는 것이다.

여기는 부도를 보아도 괜찮지만 근대의 인물들의 흔적이 보이고 있다. 편액을 살펴보니. 우리나라 근대의 전서체의 대가 위창 오세창 선생의 글이 보이고 있어, 우연찮게 들린 곳이 여러 가지를 보고 감상할 수 있어 가을날의 청강사는 부도와 아름다운 합천을 볼 수 있어 좋은 곳이었다.

(4) 남원 실상사 편운화상승탑

그림 163. 실상사 편운화상승탑 1

편운화상승탑은 다른 부도와 달리 모양이 원형으로 되어 있는 독특한
승탑이다. 후백제의 연호가 있어, 후백제의 지원 아래 세워진 것으로 추

정되며, 대부분 실상사 답사를 가면 지나치기 쉬운 장소에 있어, 처음부터 생각하지 않으면 놓치기 쉬운 부도이다.

아래는 넓게 조성되어 안정감이 돋보이는 승탑으로 모양을 스님의 발우로 보는 시각도 있지만 아직까지 모양에 대한 정의는 내려지지 않았다.

그림 164. 실상사 편운화상승탑 2

"전북 남원시 산내면 입석리에 소재한 실상사 편운화상 승탑은 실상사에서 남쪽으로 약300m 떨어진 조계암 터 바로 위에 위치하고 있다. 편운화상은 실상사 창건조인 홍척국사의 제자로 수철화상과 동문 법형제라 할 수 있으며, 성주 안봉사를 창건한 인물이다.

편운화상 입적직후 조성된 승탑은 지대석과 하대석, 중석, 탑신 및 옥개석 등이 모두 원형으로 넓고 둥근 원형의 지대석 위에 1

독특하고 재미있는 문화유산 이야기 中

단의 각을 이룬 받침대를 두고 그 위에 운문의 하대석과 3단 층단의 괴임대 및 원형의 중석이 한 돌로 이어지고 있다. 탑신 또한 특이하게도 원형이면서 위는 크고 아래쪽은 작은 상후하박형이다. 탑신 중앙에는 희미한 두 줄의 띠줄이 음각되었으며 탑신의 측면에는 글자(자경 4cm)가 새겨져 있는데 "正開十年庚午(정개십년경오)"라는 명문이 있다.

정개는 후백제 견훤의 연호로 이것으로 보아 910년에 세운 것임을 알 수 있다. 조성시기가 명확하고 당시 10세기 초반부도 발달사를 엿볼 수 있는 매우 중요한 자료라고 할 수 있다."[69]

---

69) 문화재청 홈페이지에서 발췌하였다.

(5) 보령 백운사 부도

보령 백운사의 부도는 같이 간 일행의 소개로 알게 된 것이고, 처음 보았을 때 느낌은 신부가 면사포를 쓰고 있는 것 같았다.

그림 165. 보령 백운사 부도 1

독특하고 재미있는 문화유산 이야기 中

지금은 백운사 가는 길이 아닌 옛길에 있어 관심이 없으면 볼 수 없지만, 처음에 보았던 독특함에 오랫동안 기억에 남는 부도이다.

부도는 멀리서 보는 보면 석종형이지만 가까이 가서 정면으로 보았을 때는 평면이고, 측면으로 보면 뒷면은 반원형으로 되어 있다. 석종형으로 되어 있지만 도자기의 扁瓶(편병) 느낌이 든다.

상륜부는 연잎으로 두르고 그 위에 난간 모양을 하여 보주를 보호하고 그 위로 보주를 새겼는데 어떤 의미가 있는지 알 수 없다. 다만 난간의 모양이 獅子의 다리 모양으로 되어 있다는 느낌이 드는 것은 혼자만의 생각이 아닐 것이다.

그림 166. 보령 백운사 부도 2

그림 167. 보령 백운사 부도 3

독특하고 재미있는 문화유산 이야기 中

(6) 추계당 부도와 사영당 부도

고흥의 대표적 사찰은 금탑사와 능가사 그리고 송광암을 들 수 있다. 그 중에 능가사는 독특한 부도가 있어 몇 번을 갔다.

능가사에는 10여 좌 부도가 있으며, 그중에 사영당과 추계당의 부도가 있다. 추계당의 부도는 석종형과 달리 범종형으로 표현되었는데, 이러한 표현은 순천 송광사, 선암사, 장성의 백양사에도 보이고 있다. 그리고 대부분의 범종형 부도는 전라도에서만 보이는 특징이 있다.

그림 168. 고흥 능가사 추계당 부도

"방형의 큼직한 하대석을 앉히고 귀퉁이에 각기 사방을 향하고 있는 용두를 조각하였는데, 매우 사실적이고 역동감이 감돌고 있다.

비석이나 부도의 받침은 방형의 석재나 아니면 龜趺(귀부)로 되어 있다.

사영당 부도의 받침은 4방향이어서 부도에서는 보기 드문 형태이다. 선정비에도 그와 비슷한 것이 있어 연관성이 있을까 하여 찾아보았으나 그러한 것은 없는 것으로 보인다.

입에는 여의주가 보이지 않는 대신, 양쪽 눈을 크게 부각시켜 살아 움직이는 듯 한 생명력을 불어넣었다. 턱 밑으로는 역린이 선명하며, 목 뒤로는 굵은 비늘을 새겨 사실성이 뛰어나다. 그 위로는 한 돌로 연결된 覆蓮(복련)이 이어지고 있는데, 각 面이 2엽씩 모두 8엽의 연화문이 장식되었다. 다시 복련 위로는 8각의 중석이 연결된다.

8각의 중석은 정교하면서도 장식성이 부각되고 있다.

연꽃의 모습은 처음에는 막 피어오르는 꽃망울부터 시작하여 점점 그 꽃망울이 벌어지는 모습으로 전개하다가 맨 마지막에는 활짝 만개한 상태로 표현되었다. 탑신은 중앙 몸통 부분이 배가 부른 편구형이다. 북쪽에는 직사각형의 위패 모양을 새기고 그 안에 자경 6.5㎝의 '泗影堂(사영당)'이라는 당호를 새겼다.

옥개석은 방형인데 상단에 팔작지붕형의 합각을 나타냈으며 기왓골 없이 우동(내림마루)만을 각출했다.

상륜부는 옥개석과 한 돌로 하여 연결되는데, 노반없이 복발과 보주가 이어지고 있다.”[70]

　사영당과 추계당은 사제지간으로 능가사에 있는 1667년에 제작된 복
장기에는 추계당이 스승 사영당의 제자로 기록되어 있고 부도의 제작 시
기는 추계당이 17세기 중반, 사영당의 부도가 17세 후반에 제작된 것으로
추정된다. 대체적으로 세월이 많이 흘렀지만 그 자리에 잘 보존되고 있는
것으로 평가되고 있다.

그림 169. 고흥 능가사 사영당 부도 1

---

70) 문화재청 홈페이지에서 발췌하였다.

그림 170. 고흥 능가사 사영당 부도 2

    필자가 사는 경상도에서는 보기 드문 형태의 승탑이기에 많은 호기심
과, 독특함이 있기에 작례에 포함하였으며, 승탑에 대한 설명을 다른 곳에
서 가져온 것은 아직 승탑에 대한 안목에 일천하기 때문이다.

11

용, 거북이 모습이
아닌 碑의
받침(龜扶)

어떠한 사물을 등에 지고 있는 것을 좋아하는 비히는 용생구자설에 나오는 龍의 아들이다. 비히(패하)는 무엇을 등에 지는 것을 좋아하여 비석을 등에 지는데 탑비나 선정비 그리고 신도비 등에는 등에다 커다란 빗돌을 지고 있는 형상이 많이 보인다. 이러한 것은 중국에서 온 영향으로 인해 한반도 여러 곳에 보인다. 상부에는 碑身을 이고 그 아래 받침은 용의 얼굴이나 거북의 얼굴을 한 비석의 형태는 唐나라 때 정립이 된다. 한반도는 唐의 영향으로 인해 그러한 모습이 많이 보이는 것이다. 龍은 상상의 동물이고 하늘을 나는 것이고, 숭배의 대상이기에 조각으로 많이 표현된 것으로 보인다.

많고 많은 동물 중에 하필 거북이일까 하는 생각도 해 보지만 거북은 장생의 동물이라 빗돌이나 새겨진 글이 오래 가기를 기원하는 마음에서 거북의 얼굴로 한 것으로 생각된다.

다만 현재 남아 있는 빗돌의 귀부는 대부분 용의 얼굴과 몸을 한 거북이다. 다르게 생각하면 조합이 전혀 맞지 않지만 우리는 대부분 그런가 하고 넘기는 경우가 많다. 왜냐하면 그러한 것이 많이 보이기 때문인 것으로 생각된다.

그림 171. 신라 태종 무열왕릉

한반도에서 碑의 귀부는 신라 태종 무열왕릉 碑에 보이는 거
북이 형상으로 기원으로, 차츰 거북과 용의 얼굴이 대부분인
데, 조선시대에 오면서 다양하게 변한다. 그 많은 비석의 받침
중에 용과 거북이 모양이 아닌 것을 나열하여 본다. 필자가 직
접 촬영한 사진이 있기에 『독특하고 재미있는 문화유산 이야기
上』의 내용은 제외하고 사진만 싣는다.

(1) 청도 덕사 삽살개 모양 귀부

그림 172. 청도 덕사 삽살개 모양의 귀부

청도 덕사에 碑의 받침이 삽살개 형태로 만든 것은 전해 오는 전설이 있기 때문이다. 덕사가 있는 곳은 走狗山(주구산)이다. 이름에서 알 수 있다.

청도군수로 부임한 황응규가 선조 9년(1576년) 산세가 개가 달아나는 형세라서, 청도의 정기가 빠져 나가는 것을 막기 위하여 절을 세웠다고 한다.

달아나는 개에게 떡을 주어 머물게 한다는 뜻으로 '떡절'로 이름을 정하였으며, 한자로 餅寺(병사)로 하였다가 나중에 德寺로 변하였다. 이러한 전설이 있기에 碑의 받침이 개의 형상으로 만들었다고 해석된다.

(2) 대구 동화사 봉황 모양 귀부

그림 173. 대구 동화사 인악대사 비 봉황 귀부

동화사 인악대사 비는 봉황의 모습으로 되어 있으며, 동화사 창건기에 따르면, 동화사는 493년에 극달 화상(極達和尙)이 창건하여 유가사(瑜伽寺)라 하였다. 그 뒤 832년(신라 흥덕왕 7년)에 심지 왕사(心地王師)가 중창하였는데, 그때가 겨울철인데도 절 주위에 오동나무 꽃이 만발하였으므로 동화사로 고쳐 불렀다고 한다.

봉황이 내리는 곳은 오동나무이기에, 동화사라는 이름 걸맞게 귀부를 봉황으로 하였다고 해석되며, 인악대사 碑의 귀부를 왜 봉황으로 하였을까 하는 의문은 인악대사(仁嶽大師)의 기록에서 찾아보았다. 속성은 성산

(星山)이씨이며 법명은 의소(義沼), 이름은 의첨으로 영조 22년(1746) 지금의 달성군 화원읍 본리리 인흥마을에서 태어났다. 어릴 때부터 신동이라 불렀으며, 인근에 있는 용연사에서 공부를 하다가 스님이 되었다.

스승인 벽봉 스님으로부터 금강경, 능엄경 등 불교 경전을 배워 비슬산, 황악산 등에서 불경을 설파하다가 동화사에 머물렀다. 1796년 용연사 명적암에서 세수 51세, 법랍 34로 입적하였으며, 저서로는『화엄사기』『금강사기』,『인악집』등을 남겼다. 이러한 인연으로 인악대사 碑에 봉황으로 귀부를 조성하였다고 생각된다.

(3) 김종서 장군 신도비 두꺼비 모양 귀부

그림 174. 김종서 장군 신도비 두꺼비 모양 귀부

세종시를 1박 2일 답사를 할 때 마지막 동선에 김종서 장군의 묘역을 들렀는데, 새로 조성한 신도비의 받침을 보니 다른 곳과 달리 두꺼비로 되어 있어, 이번 작례에 포함시켰다.

용이나, 거북이 아닌 것으로 대표적으로 삼아도 될 것으로 생각하나, 어디까지나 私見이고, 눈이 아주 크게 표현된 것이 지금도 기억에 남는다.

(4) 합천 인천이씨 묘비 호랑이 모양 귀부

합천의 어느 묘역에 들렀는데 생각하지도 않은 모양을 보았다. 많은 비석의 귀부를 보았다고 자부하였는데, 호랑이 귀부는 처음 보는 것이었으며, 좌우 귀부의 작례는 더욱 보기 어려운 것이었다.

그림 175. 합천 인천이씨 묘비 호랑이 귀부

묘역에는 불교의 영향을 받아 石 사자를 조성하는 데는 많으나 그러한 것은 보이지 않고, 호랑이로 조성한 귀부는 충격이었다. 호랑이는 山神으로 숭배되기에, 독상으로 조성되는 경우는 많이 보았으나, 귀부의 호랑이 형태는 국내에서 유일하지 않나 하는 생각이 든다.

그림 176. 합천 인천이씨 묘비 호랑이 귀부 좌측

　호랑이 모양으로 된 碑의 받침을 보노라면 눈을 부릅뜨고 먹이를 노리는 모습을 연상하게 하며, 머리 부분을 자세히 들여다보면, 무늬가 보여 필자의 생각은 만들 당시 채색을 하지 않았을까 추측도 가능하게 한다.

　이 묘역에서 조금 떨어진 곳에 있는 남편의 신도비는 귀부로 하지 않았기에, 여성의 묘비에 호랑이 귀부를 조성하였다는 것도 많은 의문이 든다. 그렇지만 많은 동물의 모양이 있는데 호랑이로 귀부를 조성하였다는 것은 이제까지 보지 못한 것이었고, 관리도 어느 정도 잘되어 있어 볼 수 있었다. 묘지 답사는 겨울에 가야 하는데, 필자가 사는 울산에서도 3시간 거리에 있는 이곳은 귀부의 白眉로 생각한다.

그림 177. 합천 인천이씨 묘비 호랑이 귀부 우측

호랑이로 귀부를 조성하면 山神 역할을 하면서 묘를 지키는 역할을 할 것으로 생각되어 만든 것으로 해석된다. 대부분의 묘는 신라시대 왕릉의 영향을 받아 石 사자를 조성하지만, 한반도는 사자가 살지 않는 곳이라, 호랑이로 대체한 것으로 생각된다.

여러 지역의 묘역을 답사하면서 묘비를 많이 보았지만, 호랑이가 귀부로 조성된 것은 국내에 하나뿐인 것으로 생각되지만, 필자가 아직 수많은 묘역을 다 못 보았기에, 어디엔가 더 독특한 귀부가 있을 것으로 생각된다.

앞에서 나열한 귀부 외에도 상주 채수의 신도비는 해태 모양이고, 합천 분성허씨 묘비는 재규어 모양이지만, 『독특하고 재미있는 문화유산 이야기 上』권에 소개하였기에, 설명 없이 사진만 올린다. 호랑이 귀부는 독특하면서도 귀한 작례이기에 위치는 공개하지 않으며, 오랫동안 잘 보존되기를 바란다.

그림 178. 상주 곽존중 신도비

그림 179. 합천 분성허씨 묘비

그림 180. 나재 채수 신도비

　　　　　　　　독특하고 재미있는 문화유산 이야기 中

그림 181. 진주허씨 묘 귀부

앞에 나열한 비좌 외에 더 있을 것으로 생각되나, 필자가 찾지 못해서
책에 싣지 못한 것도 있을 수 있다고 생각된다. 전국에 묘비, 선정불망비,
신도비에도 많은 비좌가 있지만 아직 보지 못한 비석들이 많이 있기에 그
렇게 생각하는 것이다.

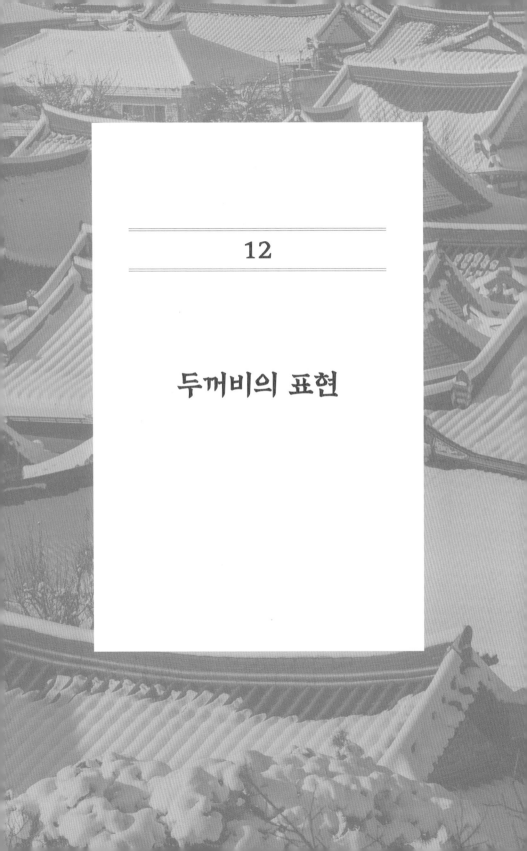

12

두꺼비의 표현

두꺼비는 재물과 복의 상징이고, 한국의 전통문화에서 두꺼비를 길하게 여겼기에 많은 설화나 민담에 보인다. 그래서 두꺼비가 표현된 곳을 찾아보니, 비석과 그림과 기와에 보였기에 나열하여 본다.

그림 182. 두꺼비 무늬 반원 막새 - 유금와당박물관

서울에 있는 유금와당박물관에는 두꺼비를 표현한 막새기와가 있다. 일반적으로 두꺼비를 표현하면 몸 전체를 보이게 하는데 여기는 정면을 바라보고 있는 모습이다. 그리고 앞, 뒷발이 기이하게 벌리고 얼굴은 해맑게 웃고 있어 볼수록 귀여운 모습이다.

유금와당박물관에서 사진 촬영을 할 때에는 저 모습이 두꺼비라고 보

독특하고 재미있는 문화유산 이야기 中

지 못했고 발의 모습을 보고 기이한 동물로 여겼다. 그렇지만 두꺼비 표현을 찾다보니 보여, 두꺼비로 인식한 것이다. 만약에 저 모습에 대한 설명이 없었다면, 두꺼비로 보지 않을 정도로 독특한 자세이다.

만약에 살아 있는 생물이었다면 저런 동작이 가능한지 물어보고 싶다. 그리고 사진과 같이 기이한 자세로 만들 생각을 한 匠人의 재주에 감탄을 금할 수 없다.

그림 183. 광양 송천사지 회은 장로 碑

기와에 표현된 두꺼비는 광양 송천사지 회은 장로 碑 뒷면에 보인다. 회은 장로의 碑는 징검다리를 건너야 볼 수 있다. 광양은 광향 향교에 하마비 조사 때문에 들린 것인데, 답사를 마치려는데 목포에 계시는 이홍식 님이 회은 장로의 碑가 있으니 보고 가라 하여 보고 왔다. 답사를 간 당시는 비석에 관심이 덜할 때라 마음이 내키지 않을 때라 사진만 찍어 두자는 마음에 갔다. 그러나 시간이 지나고 난 후에 사진 자료를 보니 잘 보고 왔다는 생각이 절로 든다.

그림 184. 광양 송천사지 회은 장로 碑 뒷면

碑首는 장방형으로 윗면에 두 마리의 용이 서로 얼굴을 맞대고 여의주를 물고 있다. 뒷면에는 용의 똬리 튼 모습과 화문형 구름, 활짝 핀 꽃송이, 거북이, 게, 두꺼비가 있다.

일반적으로 비의 앞은 비양이라 하고, 뒷면은 비음이라 하였다. 회은 장로의 뒷면에 있는 두꺼비가 있는 것은 비음이기에 그렇고 陰이기에 달을 상징하는 뜻으로 표현되기도 한다.

중국 신화에 영웅 예의 아내 항아(姮娥)가 약을 훔쳐 먹고 달로 도망가, 미운 두꺼비로 변했다는 이야기가 있다. 두꺼비 문양이 거기 있는 것은 그곳이 바로 신선의 영역, 즉 달 세계라는 상징이다. 옛날의 토템은 뱀이나 두꺼비였다. 그러므로 두꺼비는 풍년을 의미하고 동시에 곳간의 수호신으로 숭상되었으리라 본다. 그러한 것이 이어져 왔기에 두꺼비의 표현이 여기저기 보이는 것으로 해석된다.

수막새에 나타나는 두꺼비는 표현을 제대로 한 것이다. 두꺼비로 표현

된 것들은 연적, 등 다양한 물건
에서 보이는데 기와에서 표현된
것 중에서 살아 있는 느낌이 난
다. 수막새에 표현한 것은 재물
과 복이 많이 들어오라는 뜻도
있겠지만, 물과 관련이 있는 생
물이기에 목조 건축의 화재를 방
지하고자 하는 기원도 있을 것으
로 보인다.

그림 185. 국립중앙박물관 두꺼비 수막새

마곡사 대광보전에 신선도가 여러 있는데 그중에 신선 유해섬(劉海蟾)
의 그림이 있다. 도교의 신선이 불교 건축에 존재한다는 것이 이채로우
며, 앞의 그림에 보이는 두꺼비는 발이 세 개뿐이다. 이러한 두꺼비를 데
리고 다녔기에 유해섬을 하마(蝦蟆, 두꺼비)신선이라고 불렀다.

그림 186. 마곡사 대광보전 신선도

앞의 그림에는 두 다리를 위로 뻗어 물속에서 뛰어오르는 모습의 두꺼비가 있고, 신선은 두 팔을 크게 벌려 같이 유희를 즐기는 듯 아니면 희롱하는 모습이듯 하다.

그림 187. 기양루 두꺼비

합천 삼가현의 누각인 기양루는 색이 있는 두꺼비 한 쌍이 있다. 『독특하고 재미있는 문화유산 이야기 上』에도 소개하였지만, 두꺼비를 조각한 이유는 여러 가지이지만, 삼가현이 촘하고 수생 생물이기에 화재를 막아주기 위한 것으로 생각된다. 두꺼비의 표현은 많이 있지만 필자의 글솜씨가 없어 그에 맞는 글을 쓸 수가 없어 여기서 줄인다. 대부분 알려진 내용이라 전문가나 공부를 많이 하신 분들은 식상한 느낌이 들겠지만 관심이 부족한 일반인들 모르기에 책에 넣은 것이다.

13

쌍귀부(雙龜趺)
이야기

한반도에는 비석의 받침이 많다. 대부분 비석의 받침의 龍의 얼굴이나 거북의 얼굴로 표현되어 있다. 그리고 비석의 받침의 이름을 귀부라 하는데 귀부는 대부분 홑 귀부이다. 그러나 한반도 비석 중에는 보기 드물게 쌍귀부가 존재한다.

이 쌍귀부는 문화유산 답사자들에게는 많이 알려져 있지만, 그래도 정리를 하여 본다. 그리고 쌍귀부만 아니더라도 독특한 귀부를 추가하여 소개한다.

(1) 무장사지 쌍귀부

그림 188. 무장사지 아미타불 조상 사적비 쌍귀부

남아 있는 통일신라시대 귀부 중 숭복사지 귀부와 함께 연대가 확실한 것으로 귀부의 얼굴은 잘라져 있어 龍인지 거북인지 확실하게 알 수 없다.

"비는 전체적으로 파손되어 몸돌은 다른 곳에 보관되어 있고, 현
재 절터에는 부서진 비 받침과 비의 머릿돌만이 떨어진 채로 남
아 있다. 비 받침은 얼굴 형상을 알 수 없으나 특이하게 2좌로 구
성되어 있다. 등 중앙에 마련된 잘려진 비좌(碑座)는 비몸을 끼워

두는 곳으로 사각형이며, 네 면에 십이지신상(十二支神像)을 조 각하였다.

잘려진 머릿돌에는 용이 구름 속에서 앞발로 여의주를 잡고 있는 조각이 있고, 왼쪽 면에는 금석학자인 추사 김정희의 조사기가 기록되어 있다. 이 석비는 통일신라 전기에 만들어진 경주 태종무열왕릉비(국보 제25호)를 제외하고 그 이후 머릿돌이 남아 있는 예가 드문 상황에서 당시 머릿돌의 변화과정을 살필 수 있는 귀중한 작품이다.”[71]

---

71) 위키백과에서 발췌하였다.

(2) 숭복사지 쌍귀부

그림 189. 숭복사지 쌍귀부 – 국립경주박물관

국립경주박물관 야외 전시장에 있는 통일신라시대 쌍귀부로 남아 있는 통일신라시대 쌍귀부 중 유일하게 머리 부분이 잘 남아 있다.

길고 방형의 대석 위에 거북 두 마리로 비좌를 하였으며, 머리 부분은 龍의 얼굴에 가깝다. 등에는 두 겹의 귀갑문(龜甲文)이 새겨져 있고, 목에는 굵은 구슬로 장식한 목걸이를 걸었다. 거북 등에는 넓고 평평한 비좌의 마련하여 그 위 받침대를 세웠다.

쌍귀부의 자세히 보면 오른발의 표현이 다르게 되어 있다. 귀부의 발들은 땅을 짚고 있는 것이 대부분의 모습이기에, 특별한 의미가 있을 것으로 생각되었으나 알아내지 못하였다. 목 부분은 역삼각형으로 볼록하게 되었으며, 목의 장식이 화려하다고 생각된다. 하나의 돌에 이렇게 정교하게 만들었다는 것에 놀라울 따름이며, 왕실에서 만들었기에 더 아름답게 더 정교하게 만들었다고 생각된다.

이 받침대 위해는 통일신라 말의 학자 최치원이 비문을 지은 숭복사 碑가 있었으나, 비석은 사라지고 파편만 남아 박물관에 보관되었다. 지금 폐사된 숭복사지에는 새롭게 비석을 복원하여 세웠다.

(3) 창림사지 쌍귀부

그림 190. 창림사지 쌍귀부

창림사지를 처음 찾을 때는 발굴 조사가 이루어지 않을 때이었다. 들어가는 입구를 찾지 못해 지나가는 동네 사람에게 물어 찾은 기억이 있다. 경주 나정에서 조금 떨어진 창림사지에는 석탑과 그 외 유물이 남아 있다. 그중에 쌍귀부가 머리 부분이 잘려져 있으나, 머리 부분 하나가 경주박물관 수장고에 있다.

거북의 목 앞은 희미하지만 물고기 비늘처럼 무늬가 새겨져 있어, 거북에서 용처럼 변해 가고 있는 형상이 보이고 있다. 거북이 등 위에는 비석을 올려놓았던 자국이 남아 있다. 거북이의 남아 있는 형태를 자세히 보면 앞으로 나아가는 형상을 보이고 있어 생동감이 넘친다. 그러나 그러한 것은 상상만으로 가능하고, 지금은 어떠한 이야기를 품고 있었는지 알 수 없다. 등에 보이는 귀갑은 거북이 모양처럼 자연스럽게 표현되어 있어, 그 당시의 솜씨를 알 수 있다.

창림사지는 이름에서 알 수 있듯이 신라 최초의 궁궐이 있었다고 하기에, 쌍귀부는 신라 왕실과 밀접한 관계가 있는 것으로 추정된다.

(4) 법광사지 쌍귀부

그림 191. 포항 법광사지 쌍귀부

통일신라시대 쌍귀부 중 경주가 아닌 곳에 있는 것으로, 나열한 3좌의 쌍귀부와 형태에서 큰 차이는 보이지 않는다. 머리 부분이 없는 것은 무장사지와 같지만 12지상이 없이 단순하게 조각되었다. 向 오른편의 몸은 깨진 흔적인 보인다.

법광사지의 창립 기록은 신라 진평왕 시기라는 기록이 전하고 있어, 앞서 나열한 귀부와는 약 100년 이상 정도 차이를 보이고 있다. 앞서 나열한 쌍귀부를 분석하면, 신라 왕실과 관련이 깊고, 一石으로 조성한 것이다.

그리고 통일신라시대 작품이라는 특징이 남아 있다.

그러면 왜 쌍귀부를 하였을까 하는 의문이 남지만, 여러 가지 분석을 하고, 자료를 찾아보았지만 알아 내지 못하였다. 합천 영암사지 쌍 사자 석등, 법주사 쌍 사자 석등, 그리고 광양 중흥산성 쌍 사자 석등을 귀부로 보아야 할지 망설였는데, 대부분 귀부로 생각하지 않고 있어 제외시켰다. 다만 여주 고달사지 쌍 사자 석등은 쌍 사자이지만 귀부의 형태로 보아야 하기에 소개한다.

법주사, 영암사지의 사지 석등은 좌식(坐式) 형태가 아니고 입식이어서, 귀부로 아니 보지만, 고달사지 석등은 앉아 있는 형태이기에 그렇게 생각하여 소개하는 것이다.

(5) 고달사지 쌍귀부

그림 192. 고달사지 석등 - 국립중앙박물관

서울 국립중앙박물관 야외에 전시되어 있는 고달사지 석등은 대부분 귀부로 보지 않고, 쌍 사자로 인식되어 있다. 고달사지 석등 앞에 있는 안내문도 사자가 웅크리고 있다 되어 있어, 쌍귀부로 생각하지 않는 느낌이 든다.

그 이유는 대부분의 통일신라시대 남아 있는 쌍 사자 석등이 입식으로 되어 있어, 그로 인해 쌍사자 석등은 쌍귀부가 아닌 것으로 생각하는 것 같다. 쌍 사자 석등 대부분이 두 발로 서서 석등을 받치고 있고, 고달사지 석등은 좌식 형태이기에, 이형(異形)의 석등으로 보는 것은 잘못된 해석으로 생각된다.

시대도 다르고, 경주가 아닌 여주 지역에서 색다르게 匠人의 생각과 예술적 감각으로 만든 것으로 보아야 한다고 본다. 현대와 같이 석등을 만들 때 꾸밈과 만드는 형태에 대한 교류가 있었으면, 비슷하게 만들 것이지만, 고달사지 석등의 귀부와 통일신라시대 귀부는 완전히 다른 형태이다. 그래서 필자는 고려 시대 석등이 많이 남아 있지 않지만, 고려시대 독창적 석등으로 분류하여야 할 것으로 생각된다.

그리고 필자는 귀부는 무엇을 지고 있는 것이기에, 고달사지 쌍사자 석등은 쌍귀부로 보아야 한다고 본다. 귀부라는 것은 碑石만을 등에 지라는 법은 없다. 용생구자설에는 비히(패하)는 등에 지는 것을 좋아한다고 하였다. 고달사지 석등의 쌍 사자는 등에 석등을 지고 있는 것이다. 고로 쌍귀부이다.

"고려시대 화강암으로 만든 석등이며, 네모난 지대석 위에 2매(枚)의 돌로 된 장방형의 하대석이 놓여 있다.
그 측면에는 각각 2구의 연화문이 부조되어 있다.
중대석은 복잡한 구조로 이루어졌는데 판석 위에 서로 고개를 돌려 마주보는 사자 2마리가 웅크리고 있다.
그 사이에는 구름무늬가 새겨진 네모기둥이 있다.

독특하고 재미있는 문화유산 이야기 中

기둥은 위로 올라가면서 2번 턱이 져 튀어나와 있으며 그 사이로 돌의 이음새가 보인다.

상대석은 부등변8각형으로 겹으로 된 올림연꽃 받침 위에 있다. 역시 부등변8각형의 화사석을 받치고 있다. 화창은 넓은 면 4곳에만 뚫려 있다.

보통 쌍사자석등의 사자는 두 발로 서서 석등을 직접 받치고 있는 형식인데, 사자가 웅크리고 앉은 모습으로 표현되었다.

직접 화사석을 받치고 있지도 않아 이형 석등으로 분류된다.

지대석·상대석은 4각형이며 중대석·상대석·화사석은 부등변8각형으로 신라시대의 기본형인 8각에서 4각으로 옮겨가는 과도기적 양식을 보여준다.

그밖에 하대의 안상이나 상대석의 연판도 신라의 형식을 보이고 있으나 구름과 사자 등 각부의 조각이 다소 둔중한 느낌을 주어 고려 초기에 조성된 것으로 추정된다."[72]

---

72) 다음백과사전에서 발췌하였다.

(6) 현풍 김굉필 신도비 쌍귀부

현풍 도동서원에 있는 조선 후기 김굉필의 신도비이다. 도동서원은 동방 5현 중 수현(首賢)이라는 이름에 끌려 답사를 갔는데, 처음에 갔을 때에는 신도비에 관심이 덜할 때라 대충 보고만 왔다. 그리고 몇 번을 방문하였고, 신도비의 쌍귀부에 관심이 갔다.

하나의 돌에 向 오른편의 귀부 얼굴은 向 왼편보다 크게 되어 있고, 앞발과 뒷발의 표현은 보이지 아니한다. 向 오른편의 머리는 정면에서 보면 느낌이 덜하지만, 옆에서 보면 귀부의 얼굴 형태가 보인다.

김굉필 신도비를 왜 다른 곳과 달리 쌍귀부를 하였을까 것이다. 여러 가지 이야기를 조합하여 보았을 때 필자의 생각으로는, 신도비 내용 중에도 있지만, 수현(首賢)이라서 다르게 만든 것으로 생각한다. 조선 시대는 많은 유학자들이 있지만 그중에 동방 5현이라 하여, 추앙하고 있다.

필자가 동방 5현의 묘와 신도비, 묘비를 다 보고 왔지만, 비석의 받침의 쌍귀부는 한훤당 김굉필뿐이었다. 함양에 있는 일두 정여창의 신도비는 묘역 앞에 있으나, 귀부는 홑 귀부이었으며, 정암 조광조 묘의 신도비는 방형이었다. 그리고 회재 선생의 신도비는 2좌인데, 옥산서원과 묘소 앞에 있으며, 홑 귀부이었다. 마지막으로 동방 5현에 추증된 퇴계 이황의 묘의 碑도 홑 귀부이었다. 이러한 것을 종합하여 볼 때 수현이라 하였던 것이 신도비에 영향을 미친 것으로 필자는 해석하여 본다.

그림 193. 현풍 한훤당 김굉필 신도비

　조선 시대에 남아 있는 많은 신도비들은 크고 웅장하며, 특별하게 신경
써서 만들었다 할 정도로, 화려한 면이 많다.

필자가 전국에 남아 있는 신도비를 600여 좌를 보았지만, 신도비에서 쌍귀부 작례는 보지 못하였다. 그리고 전국에 6000여 좌의 선정불망비가 있지만 쌍귀부는 보이지 않는다.

조선 시대 쌍귀부는 김굉필 신도비와 전주 경기전(慶基殿) 앞에 있는 하마비가 쌍귀부이기에 2좌만 보인다. 경주나 포항에 있는 쌍귀부는 신라 왕실과 관련이 있는 것이고, 고려는 지방의 사찰에서 만든 것이다. 조선 시대는 왕실 관련 쌍귀부가 1좌이고, 유학자인 김굉필 신도비 1좌이다.

쌍귀부를 논하다 보면 대부분 통일신라시대 4좌와 조선 시대 1좌로 보는 시각이 존재한다. 필자는 그렇게 생각하지 않는다. 고달사지 석등의 귀부나, 경기전 하마비도 쌍귀부로 보는 시각이 있어야 한다고 생각한다.

독특하고 재미있는 문화유산 이야기 中

(7) 전주 경기전 하마비

그림 194. 전주 경기전 하마비

　한반도 남아 있는 많은 하마비 중 귀부로 된 것은 합천 초계향교와 고성 철성이씨 하마비, 그리고 영암 향교 하마비, 보성향교 하마비, 경기전 하마비이다. 그중에 쌍귀부는 경기전 하마비가 유일하다.

통일신라시대 쌍귀부, 고려시대 쌍귀부 등에서는 암수를 논하지 않는데, 경기전 하마비는 쌍귀부 중에서 암수도 되어 있다. 그러나 실제로 가보면 암수 분간이 잘되지 않으며, 뒷모습으로 판단하라 하지만, 그것도 쉽지 않다.

이제까지 나온 쌍귀부를 정리하여 보면 7좌의 쌍귀부가 있는 것으로 확인된다. 다만 현대에서 새롭게 만들어질지 모르지만, 7좌의 쌍귀부는 남한에서 보기 드문 작례이기에 소중히 보존되기를 기원한다.

독특하고 재미있는 문화유산 이야기 中

(8) 기타의 귀부

앞으로 소개하는 귀부는 쌍귀부는 아니지만 독특하기에 소개하는 것이다. 필자가 비석만 연구하는 사람이 아니고 여러 가지를 보고, 느끼고 눈에 담아 두기에 그렇다. 많은 비석의 귀부가 있고 화려하고 대단한 비좌가 많지만, 필자가 제일 독특하다고 생각하기에 소개한다.

그림 195. 4면 귀부

앞의 사진에서 보기에 작고 보잘것없어 보이지만, 다른 비석의 귀부와는 달리 4면으로 되어 있다. 이것을 본 것은 선정불망비를 조사하는 과정에 발견하였기에 그 당시는 비석에 새겨진 인물에만 관심을 가지다 보니 대충 보고 왔지만, 귀부를 정리하는 과정에서 보니 아주 독특하고 보기 드문 것이었다.

그림 196. 인천이씨 묘비

여성의 묘비이며, 귀부가 호랑이이지만, 귀부가 정면으로 있지 않고, 좌우로 있는 유일한 작례이다. 묘비를 보러 가서 뜻밖의 새로운 것을 발견하니 그 기쁨은 말할 수 없었다. 전국에 많은 묘비를 보러 다녀 보지만, 독특하기도 하지만, 이러한 발상으로 만들었다는 것에 우리 선조들의 감각이 대단함을 느꼈다. 이러한 것을 소개하는 필자는 기쁘지만 이 책을 읽는 사람도 기쁘기를 바라면 여기서 글쓰기를 마친다.

글을 끝내면서

많은 내용을 담아 글을 쓰려고 하였지만 부족한 글솜씨와 자료의 한계로 中권의 내용은 여기서 끝낸다. 마지막 下권은 새(鳥)를 중심으로 글을 쓰려고 한다.

필자가 생각하는 이러한 내용이면 문화유산을 공부하지 않아도 사진만으로도 이러한 것이 있구나 하며 모든 사람들이 즐기기를 기대한다.

사진 자료라는 것은 모아 두면 좋은 자료가 되지만, 그것을 책으로 엮는 작업은 참으로 힘든 작업이다. 한 가지 주제로 다르게 표현하고, 그에 맞는 전설을 담아야 하지만, 현실은 어렵다.

필자가 쓴 글은 대단히 잘 쓴 것도 아니고 재미있게 하려고 하였지만 생각과 글 표현은 어려움을 많이 느꼈다. 제일 아쉬운 것은 필자는 어떤 문화유산이 재미있고 독특하다 여겼지만, 실제로 보는 사람은 그렇게 느끼지 않는 것이었다. 전국에는 우리가 모르고 생각하지도 않는 문화유산이 많이 있으며 필자가 찾아내지 못한 것이 많은 것으로 생각한다. 그러한 것을 찾아내는 것이 문화유산 답사가가 할 일이지만, 답사는 시간과 비용이 많이 소모되는 것이기에, 상당한 어려움을 많이 느꼈다. 한 사람의 정성과 노력이 책에 나타나야 하지만, 그렇지 못한 것이 현실이다.

지금까지 답사하고 자료를 모으고 한 것을 책으로 만든다는 것에, 상당

독특하고 재미있는 문화유산 이야기 中

한 기쁨을 느끼며, 누군가의 노력을 책 한 권에 담을 수 있을 수 있어 희열을 느낀다. 재미없을 수 있지만 많은 분들이 흥미와 재미를 느끼기를 바란다.

玉山 이희득

출판하는 데 도움을 주신 기관

1. 울산시립박물관
2. 국립경주박물관
3. 한독의학박물관
4. 서울 목인박물관
5. 우리옛돌박물관
6. 유금와당박물관
7. 국립나주박물관
8. 영일민속박물관
9. 창녕박물관
10. 직지성보박물관
11. 전통문화대학교박물관
12. 국립중앙박물관

출판하는 비용을 지원한 사찰

울산 황룡사 주지 황산 스님(₩1,000,000)

자문과 도움을 주신 분

서울 김현동 님

포항 이상령 님

고령 정이환 님

목포 이홍식 님

현풍 박상봉 님

대구 故 강수진 님

울산 조수영 님

우리 옛것을 찾는 사람들 모임 회원님과 회장님

각 문중의 성씨와 사찰의 문화유산을 사용하는 데 있어서 일일이 허락을 받아야 하나 그렇지 못하여 죄송하고, 송구합니다. 지면을 빌어 사과드리며, 허락을 받지 아니하고 사용한 점 정말 죄송함을 여기에 적습니다.

여기에 소개하지 못한 여러분께도 감사의 마음을 전합니다.

독특하고 재미있는
문화유산 이야기 中

© 이희득, 2023

초판 1쇄 발행 2023년 11월 13일

지은이   이희득
펴낸이   이기봉
편집   좋은땅 편집팀
펴낸곳   도서출판 좋은땅
주소   서울특별시 마포구 양화로12길 26 지월드빌딩 (서교동 395-7)
전화   02)374-8616~7
팩스   02)374-8614
이메일   gworldbook@naver.com
홈페이지   www.g-world.co.kr

ISBN   979-11-388-2475-0 (03910)